Badisch
für
Anfänger

Langenscheidt

München · Wien

Langenscheidt
Badisch für Anfänger
Herausgegeben von der Langenscheidt-Redaktion

Autoren: Werner Puschner, Thomas Liebscher
Lektor: Winfried Bartsch
Projektleitung: Andrea Freier
Redaktion: Claudia Renner
Layout: Volk Agentur + Verlag, München
Illustrationen Innenteil: Dieter Huthmacher
Corporate Design Umschlag: KW43 BRANDDESIGN, Düsseldorf
Umschlaggestaltung: Volk Agentur + Verlag, München

Bildnachweis:
Alle Bilder aus Shutterstock

Cover:
Bierdeckel: Thinkstock / seewhatmitchsee
Hopfen: Thinkstock / Epifantsev
Karlsruher Schloss: shutterstock / brichuas
Tischplatte mit Tuch: iStock / MarianVejcik
Landschaft / Wald: Thinkstock / Rsester

www.langenscheidt.com

© 2018 Langenscheidt GmbH & Co. KG, München
Satz: Volk Agentur + Verlag, München
Druck und Bindung: Druckerei C. H. Beck, Nördlingen

ISBN 978-3-468-73940-8

18010

Inhalt

Vorwort

Sie bezeichnen sich selbst zuerst nach dem Ort: als Freiburger Bobbele, Mannheimer Bloomäuler, Karlsruher Brigande, Konstanzer Seehaas ... Dann fügen sie die Region hinzu: Breisgauer, Kurpfälzer, Odenwälder ... Und schließlich titulieren sie sich als Badener. Badener sein ist das Sahnehäubchen auf der Identität im Musterländle.

Ihre Landschaft besingen sie als „edle Perl". Stolz sind sie auf ihre Freiheits- und Kulturgeschichte. Es war in Baden, wo die Frauen als erstes das Wahlrecht erhielten. Die Badener Drais und Benz haben mit der Erfindung von Fahrrad und Auto die Welt mobil gemacht. Das „Musterländle" gleicht einem Stiefel mit dem Schaft im Norden und der Spitze am Bodensee, der Rhein gibt diese Grundform vor.

Sprachlich erlebt der Reisende sein blaues Wunder, nicht nur an Wort- und Aussprachevarianten, auch Intonation, Sprachtempo und Rhythmus variieren. Spannend sind vor allem die permanenten Übergänge, meist fließend, kaum hörbar, dann unverkennbar, etwa nach Überquerung des bei Rastatt in den Rhein mündenden Flusses Murg: Nach Süden klingt es zunehmend allemanisch (*min huus; gueder Win* = mein Haus; guter Wein); nach Norden kann man sich der süd- und rheinfränkischen Mundarten vom Brigandedeutsch (Region Karlsruhe) zum Kurpfälzischen (Rhein-Neckar-Raum) erfreuen. Je nachdem, ob sie/er also s'Mul uffrießt, die Gosch uffmacht oder die Lap net halde kann, keiner kann seine genauere Herkunft verleugnen. Sie verstehen sich aber alle bestens. Die Autoren dieses Büchleins sind, der eingeweihte Leser merkt es: aus Karlsruhe und dessen Region mit dem Raum Bruchsal.

Belauscht man die Badener aus einiger Entfernung, könnte man meinen, es werde eine Dampflokomotive parodiert: *sch...sch...sch...* ist das, was am Auffälligsten in Baden hervorklingt. *Wenns machsch wie immer, waisch, was hasch, wenns annerschd machsch, erlebsch dei Überraschung.*

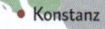

1x1 des Badischen

Crashkurs

Jetzt geht's los!	*Allaa hopp!*
Vorsicht Sturzgefahr!	*Bass uff, dass ned hiebloddsch!*
Halte mir bitte die Türe kurz auf!	*Heb mol die Dür!*
Du brauchst keine Angst davor zu haben.	*Musch koi Bamml habbe.*
Dieses Gerät ist kaputt.	*Der Dinger isch hie.*
Reingefallen!	*Neidappt!*
Das kann ich jetzt noch nicht sagen, wir werden sehen.	*Mol gugge!*

Nach dieser anstrengenden Aktion habe ich einen Riesenhunger.	*Nach dem Saugscheffd schieb i en Mordskooldampf.*
Nicht nur zuschauen, sondern mitarbeiten, mein Lieber!	*Net gloddse, nookloddse, du Lahmaarsch!*
Es stimmt doch, was ich sage, oder nicht?!	*Gell?!*
Nicht schlurfen!	*Lüpf dei Füüß!*
Beeile dich!	*Lass de Schorz waggle!*
Lachst du oder weinst du?	*Lachsch oda heilsch?*
Setz dich!	*Hogg di naa!*

Aa wie aafange

Aa, *duud des guud!* Tut das gut: eine zärtliche Berührung, der erste Schluck bei großem Durst … Mit einem lang gezogenen, hell und offen klingenden „aa" *fangd jeder scheene* **Aa**fang aa: **aa**himmle (anbeten), **aa**bändle (flirten, ansprechen), **aa**freinde (vertraut werden). Mit „aa" geht es auch erfolgreich weiter, wenn der erste Schwung weg ist: **aa**schugge (motivieren), **aa**nemme, was kommt (annehmen, was nicht zu ändern ist), vor allem *nie* **aa**liege (nie unehrlich sein), Probleme **aa**gehe un ned **aa**schdehe lasse: aifach **aa**schdenndich (fair und anständig) *midenanner umgehe.* Mit dem Wort „Beginn" kann man in Baden nicht allzu viel **aa**fange, man liest und schreibt es, *saage duud ma aber lieber – ganz klaar:* **Aa**fang.

Abbarad

Ein *Abbarad* kann zwar durchaus ein technisches Gerät sein, wie zum Beispiel ein Fotoapparat o.ä.; häufig werden im Badischen aber auch Menschen so tituliert, ob männlich oder weiblich, wenn diese körperlich kräftig gebaut sind: *De Rosi ihr neier Freind isch en Mordsabbarad!*

Abbord

Zwar begibt man sich im vornehmen badischen Restaurant „auf die Toilette"; in vertrauter häuslicher Umgebung geht man aber *uffs Klo* oder *uff de Abbord*. Und Kinder bekommen die Weisung mit auf den Weg: *Mach aber zerschd de Abborddeckel nuff, un wenn ferddich bisch, dann lass en jo net nunnerbloddse!*

Vom Weglassen

Sprachlich ist im Badischen die Energiewende längst vollzogen, was das Einsparpotential angeht: An vielen Wörtern kann man etwas **weglasse**:

Vor dem Wort: Bei den das Wort bestimmenden Artikeln „der, die, das" wird mal hinten mal vorne was weggelassen: **De** Mann, **d'**Frau, **s'**Kind.

Am Wortanfang: Gesang/Gsang; Besuch/Bsuch; Einverständnis/ Eiverschdendniss; Anzug/Azug.

Am Wortende: „e" und „n" **fehle oft am End**. Viele Substantive haben kein „e", wo man eines erwartet: Ent_, Taub_, Pferd_. Beim Infinitiv: lachen/lache_ fällt grundsätzlich das „n" weg. Bei Verben wie „schütteln", wird dann am Ende tatsächlich auch noch **gschiddld**, nämlich die nach Wegfall des „n" verbleibende Endung verdreht: **schiddle, orgle, murmle, schbachdle, flüschdre, würfle, lächle ...**

abgraddse

Abgraddse ist das, worauf das Leben letztlich hinausläuft. Das badische Wort für „sterben" wird aber pietätvoll eher selten für das Ableben eines konkreten Mitmenschen benutzt. Öfter fällt der Ausdruck beim weinseligen Philosophieren: *Do schaffsch und schaffsch, dass im Alder gnug hasch un nimmer schaffe brauchsch, un dann dusch mit fünfesechzich abgraddse!*

Aggsle

Zwar deodoriert man sich im Ländle durchaus *unner de Aggsle* (Achselhöhlen), wenn sich aber das Deodorant nicht findet, weil es von irgendeinem Familienmitglied irgendwo abgestellt wurde, wo es keiner vermutet, dann zuckt ein anderes Familienmitglied *mid de Aggsle* (Schultern), um Ahnungslosigkeit und Unschuld über den Verbleib von dem Ding auszudrücken.

Alderle

Alderle, isch des e Büffee! („Unglaublich, was alles auf dem Frühstücksbuffet geboten wird!") *Alderle, mach des net noch emol, sonscht rauchds!* („Wenn du das noch einmal machst, dann wirst du bestraft.") Mit dem Ausruf *Alderle!* wird etwas Staunenswertes entdeckt oder kommentiert, mit *Alderle* werden aber auch mahnende und warnende Worte an Kinder oder vertraute Erwachsene eingeleitet. *Alderle* kommt vor auch in Kombination mit *här* (vor oder hinter *Alderle*), um noch zu steigern, was nicht zu steigern ist: *Alderle här, do wirsch verriggd!*

Allaa

Mit dem Ausruf *Allaa!* fordert man sich selbst oder andere auf, aktiv zu werden. *Allaa!* spricht man sich selbst zu, wenn es gilt, das warme Bett zu verlassen. Mit *Allaa!* veranlasst man auch den Wandergenossen vom Bänkchen aufzustehen und die Tour fortzusetzen. *Allaa hopp!* ist die nachdrückliche Formulierung, wenn der Genosse keine Anstalten dazu macht. Mit *Allaa gud!* Gibt sich der Aufgeforderte schließlich geschlagen und erhebt sich. *Allaa* ist eigentlich Französisch (von *allons* = „gehen wir!" oder auch *allez* = „geht!"), wird aber gut Badisch auf der ersten Silbe betont und das „aa" am Ende wird geduldig in die Länge gezogen. *Allaa!,* lieber Leser, *probiers emole!*

als

bedeutet manchmal „manchmal" *(So ischs hald als; ma glaabds als ned);* wenn „als" nicht „manchmal" bedeutet, sagt man in Baden „wie" statt „als", manchmal auch beides kombiniert: „als wie": *Geschdern wars besser wie heid, aber heid wars besser als wie vorgeschdern.*

annerschda

Mit hochdeutschen Worten wie „anders" und „besonders" tut man sich im Badischen schwer. Natürlich kennt und versteht man diese, aber wie sie korrekt lauten und womöglich geschrieben werden, das ist dubios. *Des war gans annerschd/annerschda!*, gibt der Zeuge zu Protokoll. Der es notieren soll, notiert in seinem Schriftstück, dass der Zeuge vorgäbe, es sei *annerschder* (so schreibt der Badener das) gewesen, als es der Beschuldigte darstelle, *besonnerschder* was den Hergang der Tat angehe.

Mit „a" uffhöre

Annerschder und **besonnerschder** werden auch noch **annerschda** ausgesprochen, als man sie schreibt: „-er" am Wortende erklingt als „a": **annerschda;** genau wie lieber **(lieba)** oder Substantive auf -er, wie Becher **(Becha)** oder Eimer **(Eima).**

Babbedeggl

Wolle se e Blaschdichguck oder neme se en Babbedeggl? „Hatten Sie gerne eine Plastiktüte oder lieber einen Pappkarton?" Wohl spürend, dass *Babbedeggl* für einen Auswärtigen befremdlich klingt, wird im Sinne der Völkerverständigung eine *Babbedegglschachdl* angeboten. Wer mit zu viel Spätburgunder im Blut Auto fährt und erwischt wird, muss *de Babbedeggl* (Führerschein) *abgewe*.

babbich

Frisch eingekleistert ist die *Dabbeed babbich* (Tapete klebrig), also *net naalange* (anfassen), sonst bekommt man *babbiche Griffel*. Wer sie dennoch berührt, ist *dabbich* (ungeschickt): *Die dabbich Babette had die babbich Dabbeed aaglangt.*

Baddsch

Geb deim Ongl en Baddsch oder *e Baddsch-Hand!,* ist die Aufforderung, dem Onkel die Hand zu geben.

Badener/Badner

Badische Binsenweisheit: Auf keinen Fall *Badenser*, weil Frankfurter ja auch keine *Frankfurdser* sind und Heilbronner keine *Heilbronnser*.

bissle

Mir könnde e bissle schmuse oda e bissle schbadsiere oda e bissle was dringge gehe oda oifach noch e bissle hogge bleibe ... All diese Vorschläge, die suggerieren, dass die mögliche Unternehmung den Rang einer Bagatelle habe, können sich tatsächlich zu abendfüllenden Aktionen entwickeln, gemäß der Einsicht, dass *alles, wo grooß un wichdich isch, kloi aagfange hadd.*

blemblem

Gaga. Balla balla. Meschugge. Ned gans bei Drooschd sei. Oin an de Erbs hawe ... Blemblem bedeutet also „verrückt" oder „durchgedreht".

bloddse

drückt klangvoll aus, wenn jemand stürzt: *Der Mann isch voll hiegebloddsd.* Allerdings hat er dabei wie ein Akrobat die Bierflasche in der Hand behalten: *D'Flasch had er ned bloddse lasse, die wär hie gwese.* Es gibt noch eine andere Bedeutung: Wer eine Zigarette rauchen muss, *gehd uff de Balkong oine bloddse.*

Brusl

Gemeint ist die zwischen *Kallsruh* (Karlsruhe) und *Monnem* (Mannheim), *net weid von Haidelberg* (Heidelberg) am Rand des Kraichgaus gelegene Stadt Bruchsal, die über ein herrliches Barockschloss verfügt. Wer einen Ausflug dorthin unternimmt, fährt aber nicht *nach*, sondern *uff Brusl*, egal aus welcher Richtung er kommt. *Sinse un Hoffe* (Sinsheim und Hoffenheim), *Hockene un Schwedsinge* (Hockenheim und Schwetzingen) sind in der Nähe.

(Fast) keine Frage: B oder P , D oder T, G oder K?

Das B setzt sich in den meisten Fällen gegen das P durch: Der Badener liebt den weichen Lippenlaut mehr als die härter klingende Variante: Pulver ist **Bulver,** Platten sind **Blettle,** Plastik **Blaschdig,** plumpsen **blumse/blumbse,** Putzlumpen sind **Budslumbe.** Auch bei den Dentalen dominiert das Weichere: Tag heißt **Dag,** die Tante **Dande,** die Türe **Dür.** Warum soll es bei G und K also anders sein: Klasse wird **Glass** gesprochen, klettern **gleddere,** Klobürste heißt **Gloobirschd.** Trotzdem lässt man in Baden die Kirche **(Kirch)** im Dorf, sagt **Kaffee** und **Kegs** (nicht **Gegs**), **Katz** und **killekille, Kradsbirschd** (Kratzbürste) und **Kohldampf;** man weiß also nicht nur um die harten Explosivlaute, sondern benutzt sie auch: **pagge** (packen), **uff d'Palm bringe** (Palme), **Pflands** (Pflanze) oder **Pfipfes** (Durchfall, Erkältung), bei dem man dann halt **Tabledde** schluckt.

Buggl

Rüggewind schbürd ma ned, obwohl de Buggl zwaimol broider isch wie d'Schdirn. In zusammengesetzten Wörtern wie „Rückenwind" oder „Rückenschmerzen" wird das Wort *Rügge* verwendet. *Buggl* heißt es allerdings, wenn es um den Rücken an sich geht. *Du kannsch ma de Buggl nunnerruddsche!,* sagt man demjenigen, der es sich mit einem *verschisse* oder *verschiffd* hat. Das Wort *Buggl* bezeichnet daneben auch einen Hügel: *Hinnerm Ort gehd's de Buggl nuff.*

dabbe

Gehen geht nicht: Man *dabbd* oder *laafd* (läuft) *in de Gegend rum* und *dodebei* muss man aufpassen, dass man nicht *in en Hundehaufe neidabbt.* Wer einem Betrüger an der Haustüre aufgesessen ist, ist ganz *schee neidabbd* und muss sich die Anrede *Dabbel* oder auch *Dabbschädl* gefallen lassen.

Dachdraufschwobe

Das sind Einwohner Badens, die hart an der Grenze zu Württemberg wohnen *(ins Schwäbische kannsch nibberschbugge);* wohl im Schwarzwald, wo manches badische Dorf unterhalb eines benachbarten schwäbischen Dorfs liegt, sozusagen *am Dachdrauf,* ist der Begriff beheimatet. *Dachdraufschwobe* lassen sich die Titulierung gefallen, wenden sie sogar auf sich selbst an, in dem sicheren Bewusstsein keine Schwaben, sondern besonders gute Badener zu sein, weil sie die Grenzen sichern.

daggle

Wer *daggld* ist nicht hoch zu Ross und mit weitem Blick unterwegs, sondern mit der nicht gerade überragenden Sicht der gedrungenen Hunderasse: *Von oim Dogda bin e zum nächschde gedaggld, de ledschde had ma e Allergie uffgschwädsd.* („Ich konsultierte sämtliche Fachärzte, der letzte diagnostizierte eine Allergie.") Man kann irgendwo *na-* oder *hiedaggle* (sich immerhin noch zielgerichtet, wenn auch mit Widerwillen, irgendwohin bewegen), dabei zu spät kommen *(hinnenooch aagedaggld komme)* oder auch einfach nur *rumdaggle* (ziellos sinnlose Wege zurücklegen). Ein bescheuerter Mensch ist ein *Grasdaggl* oder auch einfach nur *en Daggl*.

Debbich

Die zwoi habes unnerm Debbich uff em Debbich gedriebe. Wo nun genau, „unter" oder „auf", hatten die beiden das Vergnügen miteinander? Man muss wissen: *Debbich* kann ein teurer Perserteppich sein, aber auch z.B. eine Fleece-decke in schrillem Pink. Vielerorts in Baden kann man sich also *kuschlig in en Debbich* (Decke) *wiggle* oder *sich uff em Schässlong* (Sofa) *mit eme Debbich* zudecken. In das Frei-bad nimmt man *en Debbich zum Drufflligge* mit.

der, wo; die, wo; des, wo

Warum kompliziert, wenn es auch anders geht? Statt „derjenige, welcher ...., diejenige, welche ...., dasjenige, welches ...." vereinfacht der Badener das mühsame Deklinieren durch Verwendung des Allrounders „wo": *De Hubert, wo mit de Marianne zsamme isch, wo des Kind von eme annere had, wo geschdern in d'Schul komme isch, die wohne in dem blaue Haus, wo in de Badgass schdehd, die wo e Sackgass isch.* („Hubert ist mit Marianne zusammen, die ein Kind von einem anderen Mann hat, das gestern in die Schule kam. Sie wohnen in dem blauen Haus in der Badgasse, die eine Sackgasse ist.")

Dipfelesscheißer

Gemeint ist das Tüpfelchen auf dem i; der *Dipfelesscheißer* ist nicht beliebt, so spießig, wie er seinen Vorgarten gestaltet und kleinlich er mit den Menschen umgeht. Auch das Synonym *Korindekagger* enthält die zentrale Aussage, dass schließlich nichts Brauchbares hinten raus kommt, wenn jede *Erbs oinzeln gezähld* wird. Nur vordergründig seriöser gibt sich der *Griffelschbiddser* (spitzfindiger Bürokrat). Schließlich gibt es noch den *Hoorschbalder* in der Riege der Kleinkarierten, der immer nach dem Haar in der Suppe sucht, was ihn aber nicht zum bewunderten Entdecker macht.

Ding, Dinger

Geb ma mol des Ding do! Alles, was es gibt auf der Welt, *isch e Ding*. Speziell ist die maskuline Form: *Der Dinger klemmt* (z.B. Zigarettenautomat). Wer sich verweigert, ist ein *boggschdurer Dinger* (bockiger Mann).

Doobser

Wasch dei Pfode, bevor des Album aalangsch un mach jo koi Doobser uff d'Fodoos. („Wasch dir die Hände, bevor du das Fotoalbum anfasst und mach keine Tapser drauf.") Auch auf frisch polierten Kühlerhauben, Spiegeln, Schranktüren – kurz auf allem, was glänzen soll, will man keine *Doobser* haben. *Doobser* erfreuen nur den Kommissar am Tatort.

> *Er beglaided e hohes Amd, sie beglaided ihn uff hohe Absäds. Von de Schdöggelschuh nuffzus bedrachded, fangds klaine Schwarze verdammt späd aa. Dass die mid so viel Bein immer noch glainer erscheind! Sei Aasproch dreffd uff offene Auge. Abblaus fürs Décolté, lang aahaldender für d'Beglaidung vom Amd.*

> ## Duue (tun) oder: Verben sind Tun-Wörter
>
> *Der duud nix behaupten Hundehalter. Chillen heißt auf Badisch gar nix duue oder in der konkreten Situation: Ich duu nix duue. Wenn er aber was duud, der Badener, dann richtig und dann duud a des jedes Mal dezusage, dass er was duud, zum Beispiel bei der Planung eines Tages: zerscht duu ich Sedsling kaafe, dann duu ich se in Gaarde seddse un aagieße. Du duusch solang s'Esse koche, dann due ma Middagesse un dann duue ma e Middagschläfle mache.*

emol

heißt ein Mal/einmal, unter anderem. Viel öfter kommt *emol* im Sprachalltag als Füllsel, Anhängsel oder Einschub vor. Es verleiht der Aussage eine gründlich andere Richtung: *denk emol* (stelle dir vor); *des isch emol en Debb* (so ein Riesendepp); *des war emol schee* (unglaublich schön war das); *mach emol* (bitte beeile dich); *Herrgott noch emol* (Menschenskinder). *Dädsch ma emol …* ist der ehefrauliche Befehl, sich einer Tätigkeit im Haus zuzuwenden, und zwar sofort: *Dädsch ma emol die Kischd uff de Speicher trage? Dann kannsch weiderlese.*

eggig
isch alles, was ned rund isch. Die Ecken sind aber nicht so spitz wie andernorts, sondern etwas abgerundet: *Egge.*

Faaraad
Bass uff, do kommt e Faaraad/Audo/Pfeerd. Der Badener nennt dabei eher das Ross und eben nicht den Reiter. Eine Gefahr geht also nicht vom Menschen aus, sondern allein vom Fortbewegungsmittel.

Fieß/Füüß
Alles von der Hüfte abwärts wird als Fuß *(Füüß/Fieß)* bezeichnet. Der Fuß kann am Knöchel, am Knie, am Oberschenkel schmerzen, immer *duud de Fuuß weh.* Ein groß gewachsener Mensch *had Fieß bis unner d'Aggsle.*

fliege
Zum Fliegen braucht's kein Fluggerät, eine kleine Unebenheit auf dem *Troddwar* (Gehweg) genügt, dass *ma fliege kann.* Man kann auf alles Mögliche fliegen: *uff d'Gosch/d'Lapp/d'Fress* (Schnauze) oder *uff de Maggadamm* (Asphalt). Bei schlechten Zensuren *fliegd ma von de Schuul.*

gededdschd

ist das Gegenteil von *subber druff* (gut gelaunt) oder *häbbie* (glücklich – Englisch ist mit Badisch bestens kompatibel). *Gededdschd* wird man durch einen *Deddscher*, also eine schlecht ausgefallene Deutscharbeit in der Schule oder die Nichtberücksichtigung bei einer Stellenausschreibung. Die *gededdschde* Person sieht solch ein alltägliches Vorkommnis als *Kadaschdroof* an, einem schweren Unwetter ähnlich, das einem *s'ganz Lebe verhageld*.

Gedrepfel

Um Zehne isch de Erschde zum Graduliere komme. De gans Dag isch des Gedrepfel gange. So war das nicht gedacht, als die Jubilarin im Vorfeld verlauten ließ, sie sei an ihrem Ehrentag zu Hause. Wären alle *uff oin Schlaag komme,* wäre es aber auch nicht recht gewesen: *no hädde d'Kuchedeller net glangt* (ausgereicht). Wenn es *drepfeld,* überlegt man auf dem Weg, etwa zu einem Geburtstagskind, ob man den Schirm öffnet oder nicht; sobald es *ordentlich dropfd,* ist die Sache entschieden. Wenn es *schüdded* oder *schiffd* (schüttet) hilft auch kein Regenschirm.

gell

isch schnell nausgsagd: vor einer Äußerung oder *hinnedra gsedsd* oder auch mal mitten im Satz irgendwo. *Gell, des sagt ma hald so, s'muss nix haiße.* Es ist so ein Füllwort wie das *odder* der Schweizer, das *nuh/no* der Sachsen und Thüringer oder *wa* der Berliner. *Gell* wird also nicht nur schnell, sondern vor allem auch oft *nausgsagd*, meistens nicht bewusst. *Gell, hasch widder ned gmerkt, wie oft Du gell gsagt hasch? Gelledse* ist die Langform von *gell*.

Stark und schwach

Starke, den Stammvokal beim Konjugieren verändernde Verben schrecken den Badener nicht. Er behandelt sie einfach, als wären sie schwache: **ich sehe; du sehsch** *(du siehst);* **des sehd dem gleich** *(das ist typisch für den). Auch mit der Vergangenheit macht man es sich einfach: Statt „ich aß, ich las, ich genas" heißt es schlicht:* **Ich heb gesse, glese, bin widder gsund worre.**

Für den Fall, dass etwas mitgeteilt werden soll, was (nicht) sein könnte, verfügt man in Baden über sprachliche Mittel, die die Tretminen der Konjunktivbildung weitläufig umgehen: „Dächte, läse, löge, söffe, fräße, führe ...": Das Zauberwort lautet **däd/däde** *(von* duue*):* **Däde d'Mensche weniger denge, lese, liege, saufe, fresse, Audo fahre, däde se mehr annere Sache mache ...**

gleggere

Ned gleggere (nicht kleckern) will man beim Verzehren eines Honigbrotes; weder das Jackett noch das Tischtuch sollen mit dem klebrigen Guten *vergleggerd werre;* auch wenn es um ein Projekt geht, das gelingen soll, darf man *net gleggere*, sondern muss man *kloddse (*also richtig zupacken), Geld und Schweiß fließen lassen, und zwar auf ein Mal *un net gleggerlesweis* (scheibchenweise). Gerne missversteht manch einer die Aufforderung *kloddse*, indem er nur *gloddsd* (zuschaut): *Kloddse, net gloddse!!*

Gligger

sind Glaskugeln, also größer und begehrter als die kleinen Tonkugeln *(Merwelen/Murmle)* bei dem leider aus der Mode gekommenen Kinderspiel. *Gligger* heißen auch die wertvollsten Kugeln des Mannes, die er tunlichst vor Stoß und Druck schützen sollte, etwa beim Radfahren: *... vom Peddal abruddsche un uff d'Stang gnalle. Audsch!*

Glumb

Manches Schnäppchen erweist sich als *Glumb, des nix daugd*; das kann der Dosenöffner sein, den man vergeblich über die Dosenkante kreisen lässt, die Schlagbohrmaschine, die Krach macht aber kein Loch. Leider garantiert auch ein hoher Preis nicht immer, dass man *koi Glumb* erwirbt.

gniggerich

Wer den Nachbarn nur die angeschlagenen Früchte seines reich tragenden Apfelbaums schenkt, ist *gniggerich*, er gibt zwar nicht nichts her, wie *en echder Geidsbolle* (Geizkragen), aber er schenkt eben nicht von Herzen. Gerne bezeichnet der Badener seine sparsamen schwäbischen Nachbarn als *gniggerich*.

Grodde un Grambe

Das Bilderbuchgeschwisterpaar einer jungen Familie besteht aus einer *goldige Grodd* (süßes kleines Mädchen) und einem *gniddse Grambe* oder auch *Gnegges*, also einem aufgeweckten, findigen Knaben. Im realen Leben hört sich das aber gern so an: *Moinsch die frech Roddsnas wär uff d'Seid gegange, un ihr Bruder, der verzoge Roddslöffel, hat ma noch d'Zung rausgschdreggd. Die ziege was groß!* („Dieses ungezogene Mädchen ging nicht auf die Seite und ihr Bruder, dieser Bengel, streckte mir noch die Zunge heraus. Was für eine Erziehung!")

Haafe un Haffe

Es gibt badische Häfen *(Haafe)* an Rhein (Kehl, Karlsruhe, Mannheim) und Neckar (Heidelberg), ihre Anzahl ist überschaubar, ganz im Gegensatz zu den unzähligen „Häfen" in badischen Haushalten. *Mach zwai Lidder Wasser in den Haffe* (großer Topf). *Bring ma noch en Haffe, Egon*, fordert der Stammtischbruder den Wirt auf, wenn der ihm noch einen *Absagger* (letztes Getränk) kredenzen soll.

Hemopaad

Das badische Mundwerk hat gegen manche Laut-
kombinationen eingebaute Sperren: Ho-mö-o zum Beispiel. Die Lippen müssten zur Artikulation in
unzumutbarer Weise aus ihrer Grundbetriebsstellung
befördert werden, und zwar sowohl Unter- wie Ober-
lippe. Wo das Mundwerk nicht genügend Flexibilität auf-
bringen kann, muss es das Wort tun. Natürlich gibt es in
Baden Homöopathie (als geschriebenes Wort), den konkreten Termin hat man aber beim *Hemopaad*.

Hermännle un Heinie

*Der Heinie wolld Hermännle mit mir mache; von wegele, ich
bin doch ned dem sein Leo!* („Der Depp wollte mich schika-
nieren, mir auf der Nase herumtanzen. Nicht mit mir!")
Etliche Vorname werden im Badischen benutzt, um auszudrücken, dass man jemanden für einen Deppen hält;
man will es aber etwas milder formulieren. *(De Rüdiger
isch en Sepp/Hans ...; de Kalle isch en Ottl.)*

hie

Jeddsad haschs hie gmachd, jeddsad kenne mas nimmer hie mache. („Jetzt hast du das Türschild kaputt gemacht, jetzt können wir es nicht mehr anbringen.") *Hie* kann „hier" oder „hinüber/kaputt" bedeuten. Wenn das Meerschweinchen *hiegehd*, dann können sich die Bedeutungen annähern, es ist einerseits *hie* (tot), andererseits auch *woannerschd hie gegange* (in eine andere Welt getreten).

Ganz bestimmte Namen

Zur Benennung einer Person kann es, so die Logik in Baden, niemals genügen, nur den Namen zu nennen. Der bestimmte Artikel muss dazu, damit klar ist, dass es um **den** Heinz geht und nicht um irgendeinen anderen: **de Heinz, de Paul, d'Edith; de (Heinz) Huber, de (Peter) Pacher, d'Edith Eberle,** bzw. **die Eberle.** Nicht erst bei Erwachsenen ist das so, auch Kinder werden in dieser Weise schon individualisiert: **s'Kevinle, s'Nadinle.** Folgerichtig wird auch der **Genitiv** gebildet: **Des isch de Katrin ihr Cabrio.** Und nicht etwa: „Katrins Cabrio" oder womöglich „Hannes' Schlitten", sondern, logisch und ohne (so e saubleds) Abboschdroff: **em Hannes sein Schlidde.** Wenn Kinder wissen wollen, woher die Kinder kommen, bekommen sie es verständlich mitgeteilt: **aus de Mama ihrm Bauch.**

hiedeigsle

Wie wir die knifflige Sache doch noch zum glücklichen Abschluss gebracht haben? Keine Ahnung! *Irgendwie hammas hiegedeigsld!* Die im Wort enthaltene Deichsel muss allerdings nicht irgendwie, sondern mit klarem Kopf und zielgenau ausgerichtet werden, damit das Fuhrwerk mit Zugpferd und Ladung ankommt, wo es ankommen soll. Dennoch reibt man sich gelegentlich nach einer gelungenen Tat erstaunt die Augen, über die eigene, nicht für möglich gehaltene Leistung.

höcher

ist die Steigerung von hoch. *De Uwe hat scho immer höcher naus gwolld.* Uwes Ehrgeiz wird mit diesen Worten aus der Sicht dessen kommentiert, der mit seinem Leben völlig zufrieden ist.

Huuschdeguudsl

Ein *Huuschdeguudsl* sorgt für frischen Atem und soll den Hustenreiz lindern, es hilft aber nur, wenn man es *schloddsd* und nicht, bevor es wirkt, beim *Huuschde nunnerschluggd.* Wer an einem richtig starken Husten erkrankt ist, der *huuschded ned, der belld.* Ein klappriges altes Fahrrad, Moped oder ganz kleines Auto kann auch als *Huuschdeguudsl* bezeichnet werden.

Indresse

kommt vom Lateinischen *inter-esse* und bedeutet „darin sein"; *sich indressiere* heißt also in ein Wissensgebiet eindringen. *Wenn ned indressierd bisch, stecksch dei Nas ned nei.* Wer sich um die Folgen eines eigenen ignoranten Verhaltens für andere nicht schert, von dem heißt es: *Des indressierd den ned; den indressierd bloß, was en indressierd.* Wenn der Chef meint, genügend diskutiert zu haben, formuliert er final: *Des indressierd mi ned!*

ins Gschäffd gehe

In Baden geht man nicht zur Arbeit, sondern *ins Gschäffd.* Was *im Gschäffd* verdient wird, wird *ime Gschäffd* (Glamodde-, Spielwaregschäffd) dann wieder ausgegeben. Eine im Einzelhandel tätige Verkäuferin geht in ein bestimmtes *Gschäffd ins Gschäffd.* Eine besondere Spezies ist der *Gschäffdlhuber.* Er tätigt seine Geschäfte immer und überall, braucht nicht eigens *e Gschäffd* (also einen Laden oder Geschäftsräume), sondern ist quasi rund um die Uhr, egal wo er gerade ist, *im Gschäffd*; wenn er *gschäffdsdichdich* (geschäftstüchtig) *gnug isch*, dann kann er von *seine Gschäffdlen lebe*, ohne dass er täglich *ins Gschäffd* muss, vorausgesetzt es handelt sich nicht um *grumme Gschäffde*, dann muss er *in de Bau* (Gefängnis), vorausgesetzt die Polizei *machd ihr Gschäffd ordendlich.*

jabbse

Um Luft ringen. *Die had gjabbsd, wie wenn se glei abschnabbd* (erstickt).

Käs

Was isch des für en Käs? Was nicht erfreulich ist, nicht funktioniert oder dumm läuft, *isch en Käs*. Dabei hat man zuerst gedacht, die Angelegenheit sei *käsleichd* zu regeln. Verliert man richtig viel Geld *wege so eme Käs,* dann kann man schon mal *käsweiss* (leichenblass) aussehen. Ein leckeres *Käsbrood* (Käsebrot) bringt die Farbe zurück ins Gesicht. *En reifer Schdinggerkäs* (Backsteinkäse/Romadur) findet manchen Liebhaber, *Käsfieß* eher nicht. Wer *Käs babbeld* (Unsinn redet), macht keine gute Werbung für sich.

Klebberlesverein

Real Madrid und Bayern München sind die völlig konträren Beispiele zu einem *Klebberlesverein*. Dieser fristet irgendwo ein eher unbeachtetes Dasein, kann ein eingetragener oder in keiner Liste verzeichneter Verein sein. Für seine Mitglieder aber, vom Bienenzucht- bis zum Gesangverein, ist er eine wichtige soziale Heimat.

lange

ist ein Chamäleon unter den badischen Verben, das über ein schillerndes Bedeutungsspektrum verfügt: genug haben/erschöpft sein *(dem langds, so wie dem d'Zung raushängd*; berühren *(ned hielange)*; ohrfeigen *(noch oin Ton un ich lang da oine)*; geben/darreichen *(lang ma mol en Löffel)*; ausreichen *(des langd)*. Der Schreinerlehrling, der aus dem Lager Latten holen soll und wissen möchte, welche und wieviele, bekommt die klare Auskunft: *Zwoi lange lange*. Ist der Geschickte unermüdlich und fleißig, dann heißt es: *Der kann hielange*.

Lapp

Kein vornehmer, dennoch ausschließlich für den menschlichen Mund benutzter Ausdruck. *En Hund had koi Lapp, der had e Schnauds oder e Maul*. Ein Sprücheklopfer und Dauerschwätzer *isch e Großlapp*. Nimmt sie den Mund all zu voll, riskiert *die Großlapp*, dass sie *d'Lapp vollkriegd* (Prügel bezieht). *E Lappvoll* ist eine Flüssigkeitsmengenbezeichnung, allerdings eine relative: *Des Bulver riersch mit ere Lappvoll Wasser aa*. („Das Pulver wird mit etwas/wenig Wasser angerührt.") Wer nervt, kriegt zu hören: *Hald dei bleede Labb!*

lupfe/lüpfe

Weil das Verb „heben" dasselbe bedeutet wie „halten" (*heb mol mei Eis, dass ich de Geldbeidel eischdegge kann*) braucht man in Baden ein Verb, das den Vorgang des Hebens eindeutig ausdrückt: *lupfe*. Kindern wird gesagt; *Lüpf dei Füüß!* Nach dem Training lautet die Frage: *Gehe ma noch oina lupfe?* („Gehen wir noch einen trinken?") Gewichtheber, das sei noch angemerkt, heißen auch in Baden so, und nicht etwa *Gwichdlupfer*. Wer sich zuviel zugemutet hat, hat sich *verlupfd*.

Muggebaddscher

ist eine Fliegenklatsche; das badische Wort *mugg* für die Stubenfliege findet sich in etlichen Wortkombinationen (*Muggeflugplatz* = Glatzkopf, *Muggeschiss* = Bagatelle). *Muggeschdurm* (Muggensturm) ist ein Ortsname, den man nicht vergisst, hat man ihn einmal gehört oder gelesen. Das Dorf liegt liegt auf der Linie *Mörsch, Malsch, Madrid* (also im Rheintal nahe Rastatt).

naa

bedeutet „hin": *naabebbe* (hinkleben); *naabringe* (hinbringen); *hiebebbe* und *hiebringe* gingen genauso.

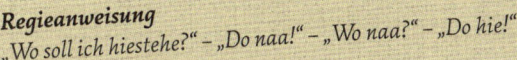

Regieanweisung
„Wo soll ich hiestehe?" – „Do naa!" – „Wo naa?" – „Do hie!"

neigehe
Die große Frage: *Gehe alle nei?* Klare Antwort: *Wenn alle neigehe, gehe ned alle nei!* Klare Sache: *Gehe ned alle nei, dann gehe alle nei!* Eventmanagement auf Badisch.

neilege
Jemanden reinzulegen macht den meisten einen Mordsspaß.

Neschd
Neben dem Vogelnest wird ein unbedeutendes Dorf als *Neschd* bezeichnet *(Der kommd aus em hinnerschde Neschd)*; gemeint sein kann auch das Bett: *Ligg jo ned glei beim erschde Mol ins Neschd mit dere!* Das korrespondierende Verb ist *(rum)neschdle*, „sich unruhig unter dem Deckbett hin und her wälzen", was vor allem im Doppelbett nervt.

Der kleine Franz hatte sein erstes Fahrrädchen vom Christkind bekommen. Ein Riesenereignis in seinem vierjährigen Leben. Am ersten Weihnachtstag kommt die Großfamilie zusammen und Cousin Felix (zweite Klasse) soll **neiglegd werre.** Das **Faarrädle** wird in der Gästetoilette versteckt. Kaum ist die Verwandtschaft eingetreten, wird das Fränzle von Felix mit der Frage konfrontiert: „**Un, wie war dei Chrischkindle?**" Es muss nicht lange überlegen, **des klaine Schlaule: „Felix, du, ich hab koi Faarraad gegriegd."** Der schlagfertige Grundschüler: „**Wo haschs ned schdehe, s'Faarrädle, wo net gegriegd hasch?**" Der Franz freudig: „**Im Klo!**"

numme

Ess numme, des machd ned digg. („Iss nur, das macht nicht dick.") *Numme* heißt „nur", im Sinne von ruhig/beruhigt sein: *Geh numme, ich bleib.* Die Kurzform *num* bedeutet „herum": *Nem numme mei Audo, aber numgugge beim Abbiege!*

Nuudel

E Nuudel ist eine Frau, die gut gelaunt und witzig ist und gerne im Mittelpunkt der Party steht.

Der Badener sagt – Der Badener meint

Der/die had Fieß bis unner d'Aggsle.	*Ist diese Person groß!*
E kloins Heffele langd.	*Ein kleiner Topf ist groß genug.*
Welles moinsch?	*Welches genau meinst Du?*
Rugged emol e bissle!	*Rückt näher zusammen, damit alle Platz haben!*
Alderle här.	*Mein lieber Schwan. Unglaublich!*
Buggl nuff. Buggl nunner.	*Bergauf. Bergab.*
Hogg di naa!	*Setz dich!*
Oh, frog mi ned.	*Davon will ich nichts wissen.*

obbenaus

Ei falsches Word un der gehd obbenaus. Das hört man von jemandem, der mehr als verärgert ist. Ein einziges falsches Wort könnte das Fass zum Überlaufen bringen und einen Wutanfall auslösen.

pfeddse

Pfeddse, beisse, graddse, schdalbe, schbugge (zwicken, beißen, kratzen, mit den Füßen stampfen, spucken) sind unritterliche, aber hochwirksame Kampftechniken, um Areale im Sandkasten abzustecken. Wenn Erwachsene *oiner pfeddse* gehen, sind sie dagegen sehr gelassen und auf dem Weg zum Umtrunk ins Wirtshaus.

Pflenzle

Schon der Wortklang allein macht die Schutz- und Pflegebedürftigkeit von einem zarten, schwachen, verletzlichen *Pflenzle* hörbar. Im Schutze eines starken Menschen kann ein *Pflenzle* lebenslang Kind bleiben.

pfupfere

Auch ein wahres Wort am falschen Ort ist ein gesprochenes Wort. Dann *pfupferds im, dass ma so frei naus gschwädsd had* (es stichelt, quält und bohrt etwas in einem). Es kann aber auch wunderbar sein, wenn es *oim pfupferd*, wenn man Anreiz, Lust und Drängen verspürt, irgendetwas *endlich emol zu mache*: eine Fahrt mit dem Heißluftballon *(egal, was es koschded)*, einen Bungeejump *(au wenn de Gummi reiße könnd)* oder *d'Ute endlich frooge*

... *(mehr wie Noi sage, kann se ned.).* Nur ein *Labbeduddl* (Langweiler) kann mit dem Wort *pfupfere* nichts anfangen. Vielleicht kennt er immerhin das Wort *Pfupferle.* Es bezeichnet ein knatterndes *Mopedle* oder kleines, älteres Auto.

Lauftreff

Einen Hannoveraner hat es zum Studium nach Heidelberg verschlagen. Er sucht etwas Anschluss und begibt sich zu einem Lauftreff **uff d'Neggawies** (Grünfläche am Neckar). Beim gemeinsamen Aufwärmen hört er einen Kommilitonen zu einer Kommilitonin sagen: **„Isch laaf mit dir!"** und denkt für sich: Die Männer hier im Süden fallen mit der Türe ins Haus. **„Wann d'ned so schnell machsch"**, antwortet die junge Frau. Ermutigt durch diese Antwort, wie sie der Niedersachse versteht, wählt auch er sich eine Studentin aus und spricht sie ohne Umschweife an: „Willst du mit mir schlafen?" **„Jaa, morje widder!"**, bekommt er in barschem Ton zu hören.

Quadradlaadsche

Wer richtig große Füße hat, braucht besonderes Schuhwerk. Er trägt *Quadradlaadsche* oder marschiert in *Albkähn* (gemeint sind Boote auf dem Flüsschen Alb, das aber nicht wirklich beschifft wird) oder durchquert in *Kinnersärg* die Welt.

Radsefumml

Wer mit *em Blei schreibd un Molschdifde* (Malstifte) benutzt, braucht *en Radsefumml* (Radiergummi). Alle Teile gehören *ins Mebble,* und das wiederum gehört *in de Schuulranze.*

rugge/ruggle

Beides bedeutet „rücken", im Sinne von zur Seite rücken/ Platz machen. *Ruggle* heißt daneben auch noch „wackeln/ rütteln": *Wenn der ned von allai ruggd, dann ruggle ma mit de Bierbank, bis er ruggd.*

Bildungsreis
D'Mardha: „Mit de Landfraue mache ma Ende Mai e vierdägige Bildungsreis."
D'Herda: „Wohie?"
D'Mardha: „Oh, frog me ned, ich fahr hald mid!"

Rumunnum
Zickzackkurs; kreuz und quer. *Des Rumunnum durch s'Burgund war uns zu dumm.*

schbiggle
Wer aufgefordert wird: *Bloß net schbiggle!,* dem steht der Anblick von etwas Schönem und Erfreulichen bevor. Wer macht da nicht gern die Augen zu? Was im Leben könnte aufregender sein, als davor *(ned) schbiggle?*

Schdoggwerge
Ein zweigeschossiges Reihenhaus hat einen ersten und einen zweiten Stock: *D'Kich, s'Gäschdeklo un s'Wohnzimmer sin ebeerdich im erschde Schdock, Bad un Schlofzimmer im zwaide.* In Gebäuden mit Fahrstuhl, existiert natürlich immer die Taste **E**. Wofür **E** steht, für **E**rdgeschoss oder **E**rschder Schdogg, kratzt den Einheimischen wenig: *Des isch ghupfd wie gschbrunge.* Nachdenken muss er beim Aufwärtsfahren, sonst landet er zu tief: Will er *in de dridde Schdogg*, muss er auf Taste Zwei drücken. Fahrstuhlbauer richten sich nicht nach der badischen Zählweise!

Sch... sch... sch... sch... sch... sch...

Bisch? Hasch? Musch? Willsch? Kannsch? Moinsch? Machsch? Bist du? Hast du? Musst Du? Willst Du? Kannst Du? Meinst Du? Machst Du?

Luschd, Fruschd, Haschd, Laschd, Kunschd. Lust, Frust, Hast, Last, Kunst. **Kannsch un hasch Luschd oder bisch in Haschd un musch glei weider?**

Ein hochdeutsches „st" am Wortende wird „sch" gesprochen; auch in der Wortmitte zwischen Vokalen gilt das (rasten/ raschde). Konstanz ist **Konschdans**, Rastatt **Raschdadd**. Am Unteren Neckar, also im Raum Mannheim-Heidelberg, wird auch „ch" am Wortende oft, manchmal auch zwischendrin „sch" gesprochen: ich/**isch;** dich/**disch;** sich/**sisch;** sicher/**sischer;** Arche/**Arsche;** Kelche/**Kelsche;** doch bleibt aber auch in Mannheim **doch** und **e Loch isch e Loch;** zwei Löcher sind allerdings **zwai Löscher.**

soodele

Soodele und *jedsadle* sind mehr Wohllaute als Wörter, z.B. nach einer gelungenen Tat oder vor und nach einem guten Essen: *Schbargl, Pfannekuche, Grauburgunder.* Stehen alle drei Köstlichkeiten auf dem Tisch, lautet es zufrieden aus aller Munde: *soodele* und *jedsadle!*

uff

beschert dem Badischen Wörterbuch viele Einträge unter U, die im Duden unter A zu finden sind (*uffbasse*/aufpassen; *uffbuddse*/aufputzen; *Uffgab*/Aufgabe). Wer seinen Hut sucht, kann den Hinweis bekommen: *Du hasch en doch uff.* Auch die Brille kann man *beim d'Brill suche uff-habbe.*

umsonschd

Gebds do was umsonschd/ummesonschd? Warum sonst wären da so viele Menschen? Also macht man sich auch auf den Weg dorthin. Vielleicht hat man Pech, und es gibt dort nicht nur nichts kostenlos, sondern man soll auch noch Eintritt *bleche*. Dann macht man kehrt und sagt, zurück am Ausgangspunkt: *Den Weg hebe umsonschd* (vergeblich) *gmachd.*

verbabble

Schnell ist etwas *nausgebabbld*, und schon hat man sich *verbabbld* (ein Geheimnis ausgeplaudert). Jetzt rudert man zurück, versucht Ausgesprochenes unausgesprochen zu machen. Dabei *had ma sich wieda verbabbld* (diesmal in dem Sinn, dass die Zeit vergessen und ein Termin verpasst wird). *Sich verbabble* hat immer Folgen, also besser vorher *iberlege, was verzehlsch. Un was ned.*

verdummbeidle

kann man Güter, Zeit, das Leben schlechthin; alles, womit man sorg- und aufmerksam umgehen muss, kann man

ver...

Mit dem Buchstaben V beginnen im Badischen wesentlich mehr Verben als im Hochdeutschen: **Verzehl ma nix.** („Erzähle mir keinen Blödsinn.") Oder: **Verschregge die mich, dass i schier en Herzkaschber griegd heb!** („Die haben mich so erschreckt, dass ich beinahe einen Herzinfarkt bekommen hätte.") In den kühlen Jahreszeiten kann man sich auch im wärmsten Bundesland leicht **verkiehle** (erkälten). Oft steht „ver-" statt „zer-" am Wortanfang: **verreiße** (zerreißen); **verschdridde** (zerstritten); **vergnidderd** (zerknittert); **vergweddschd** (zerquetscht).

verdumm- oder auch *versaubeidle*. Danach heißt es oft *bled gloffe* (dumm gelaufen). Gern wird dem Schicksal überantwortet, was der Mensch *versaubeideld*.

Visimadende

Mach ma koi Visimadende, mahnen auch heute noch ältere Menschen, wenn Sie jemanden von folgenschweren Aktionen abhalten möchten. Der Begriff leitet sich nach volkstümlicher Erklärung von den mütterlichen Warnungen an die Töchter aus den Zeiten um 1800 ab, als Teile des Südwestens französisch besetzt waren: Dem Lockruf der Soldaten *Visite ma tente!* („Komm in mein Zelt!") sollten sie besser nicht folgen. Allerdings gab es schon vorher das umgangssprachliche *Visepatentes* für „Scherereien".

Vierdl un Dreivierdl

Die mitteleuropäische Zeitrechnung gilt auch für Baden. Auch hat die Stunde sechzig Minuten. Gedacht und gefühlt wird die Zeit aber im Vier-Viertel-Takt. 14.20 Uhr ist *fünfnachvierdldrei* oder *zehnvorhalber drei*. 14.25 Uhr ist *fünfvorhalberdrei*. 14.35 Uhr ist in jedem Fall *fünfnachhalberdrei*, weil man *zehnvordreivierdl* nicht sagt. 14.40 Uhr ist *fünfvordreivierdldrei*. Um 16.00 Uhr ist es *viere*. *Vierdl vor vier* oder *Vierdl nach vier* sagt man nicht im Badischen, sondern *dreivierdlvier* und *vierdlfünfe*. Logisch, oder etwa nicht?

Tick
„Des isch s'pure Chaos, völlichs Durchenanner, fünfedreißich Uhre in oim Raum! Macht dich des ned verriggd?", *fragte einer den Uhrensammler. Der war erstaunt.* „Im Gegedeil, ich kann endschbanne un mich freie ... weil – verschdehsch! Jede Uhr tiggd annerschda."

Wohie? Wona?

Wohin? In welche Richtung soll es gehen? *Naus ... nei ... nübber ... nunner ... nuff ... nach nebedra* oder *nirgens na ... egal, wo dich hiewendsch ... hasch dich selber dabei ... du bisch also nie gans allai.*

Waihnachdsdag

Nach em Frihschdigg sima zammehogge gebliewe. Dann sima schbadsiere gloffe bis zum Middagesse un sin dann bis nach em Kaffee zammehogge gebliewe. Dann sima noch e bissle schbadsiere gloffe bis kurz vor em Obendesse un dann sima de ganze Obend gmiedlich zammeghoggd bis ma ins Bett sin. Dort sima zammeglege bis kurz vor em Frihschdigg. Nach em Frihschdigg sima noch zammeghoggd un habe iberlegd, was ma mache kennde un sin dann noch e bissle schbadsiere glaafe vor em Middagesse. Mol gucke, was ma heid noch mache. Schee, dass agrufe hasch.

zabbeduschder

Tief dunkel ist immer noch hell, verglichen mit *zabbeduschder*. Auch manches andere, was sich vermeintlich nicht steigern lässt, wie zum Beispiel eine triefnasse Hose, ist – zumindest sprachlich – dennoch nicht der Inbegriff von Nässe. *Saichnass* aber schon.

> **Wörter, die man in Baden nicht braucht**
> Blicken (**glodds doch ned so**) und hinschauen (**guck hald richdich hie**) sind Wörter für das belletristische Buch; auch setzt man sich nicht hin oder gar „nieder", **ma hoggd naa.** Und der Ball wird nicht über den Zaun geworfen, sondern **gschmisse.**

zaggere

bedeutet „pflügen" und wirkt mit den entsprechenden Hauptwörtern fast lautmalerisch: *de Agger zaggere mid em Dregger* (das Feld mit dem Traktor pflügen).

zammehogge

Zammeschdehe bedeutet, auch in schweren Zeiten zusammen halten. *Zammeligge* (im Bett) kann über schwere Zeiten hinweghelfen; *zammehogge* können Badener immer, *sommers wie winders*: Ein Grund zum *Zammehogge* findet sich immer. Regelmäßig wiederkehrende *Feschdlen* (Wein-, Abschluss-, Jahrgangsfeste u.a.) heißen oft *Hoggedse.*

Zingge

ist eine große, vielleicht auch dazu noch krumme Nase
(*Der isch gschdroofd mit seim Zingge*). Zum Unmut anderer
kann einer *sein Zingge iberall neischdegge; en Rissel* wird
dagegen *neighengd* in Dinge, die einen gar nichts ange-
hen. *Kolbe* ist eine weitere uncharmante Bezeichnung für
das das Gesicht dominierende Organ. Im Normalfall wird
aber auch das ganz normale Wort benutzt: *Budds dei Nos!*

Badisches „ai"/ „oi"

*Besonders ist die Aussprache des Diphtongs „ei": In Baden
gibt es Wörter und Wendungen, wo das Badische der hochdeutschen Phonologie nahe kommt:* **mei Fraa** *(meine Frau);
meistens aber wird aus „ei" entweder* **ai** *(weich und langgezogen) oder* **oi** *(auch weich und langgezogen). Wann welche
Variante gewählt wird, hängt vom Wort, der Situation und
dem Ort ab. Spricht man einen Laut, der zwischen* **ai** *und* **oi** *liegt, dann liegt man aber (meistens) immer und überall
richtig:* **Oi Ai oder zwai Aia oda drai?** *(„Ein oder zwei
oder drei Eier?") Drei wird aber immer* **drai** *gesprochen und
niemals* **droi.** *Des Karlsruhers Lieblingswendung lautet:*
Zwai waiche Aiu in oinere Raih. *(„Zwei weiche Eier in
einer Reihe.")*

Unsere Empfehlung:

Bubeschbiddsle mit Kraut

Kapitel 2

Speis und Trank

Crashkurs

Nach einem guten Essen sieht die Welt gleich viel freundlicher aus.	*Ess was Gscheids, naa siehd d'Weld gleiwidder annerschda aus.*
Ist das ein guter Esser!	*Alderle, kann der was neischbachdle!*
Setz dich gerade hin und mach das Tischtuch nicht dreckig.	*Hogg die gscheid naa un verdriel jo s'Dischduch ned.*
Dem Großvater hat es gut geschmeckt.	*De Oba had schee gesse.*
Die Frau ist dauernd am Essen.	*Die budsd was weg, bis de Dag rum isch ...*
Die Suppe ist sehr heiß, verbrenne Dir nicht die Zunge.	*Die Sub isch sauhaiß, verbrenn da d'Gosch ned.*

Es schmeckt vorzüglich.	*Saulegger, do kenndsch de graad neilege.*
Ich hätte gerne eine kleine Blutwurst und eine Scheibe Schwarten-magen.	*Ich grieg e Griebewirschdle un e Veschberscheib vom Schwardemage.*
Ich habe Lust auf ein zweites Stück Schwarz-wälder Kirschtorte.	*Ich kennd grad noch e Schdiggle von derre Schwarzwälda verdrigge.*
Eine kleine Portion würde ich noch vertragen.	*En halber Schepfer voll däd i noch esse.*
Wo gibt es hier ein gutes Restaurant?	*Wo ka ma hier guud esse?*
Die Portion ist ja gigantisch!	*Wer soll en des esse?*

Soll ich e Eis esse? In de Waffel oda im Becha?
Mit Sahne oda ohne? Oin Bolle oda zwai? Erdbeer oder
Zidrone? Schoklad oder Fanill?
Was? Ich bin scho an de Raih?
„Oh, bidde gehn se doch vor! Ich waiß noch ned, was ich will."

Apfelbuddse

Ziemlich viele Worte muss das Hochdeutsche bemühen,
wo der Dialekt mit einem prägnanten und vollmundig
klingenden Begriff auskommt: *Apfelbuddse. Schmeiß den
Apfelbuddse jo ned uff de Bode, sonscht kriegsch e paar hin-
ner d'Ohre!* („Schmeiß das Kerngehäuse des Apfels ja
nicht auf den Boden, sonst setzt es was!")

Bibbeleskäs

Bibbelen sind Küken, *Bibbeleskäs* eine alte Bezeichnung
für feinen Quark, wie ihn die Bäuerin früher selbst herge-
stellt hat; ein mit frischem Schnittlauch und Kräutern
angemachter *Bibbeleskäs* geht mit *Grumbiere/Schalkar-
doffle* (Pellkartoffeln) eine perfekte Verbindung ein und
ist ein beliebtes und einfaches Essen.

Bolle

ist die Maßeinheit an der Eisdiele. In Baden verlangt man nicht zwei Kugeln, sondern *zwai Bolle* Eis.

Bubeschbiddsle

Es handelt sich um eine aus gekochten Kartoffeln, Mehl und Eiern bestehende, goldbraun angebratene Beilagenspezialität, die zu herzhaften Fleischgerichten mit Soße, badischem Weinsauerkraut oder auch als Hauptgericht zu Feldsalat oder einem süßen Apfel- oder Zwetschgenkompott gereicht wird. Die fingerlangen, fingerdicken, runden *Bubeschbiddsle* (den Penisen kleiner Buben formal nachempfunden) werden in manchen Kochbüchern einfach mit *Schupfnudlen* gleichgesetzt, in anderen wird behauptet, dass letztere im Wesentlichen aus Roggenmehl zu sein hätten. Ob *Bubeschbiddsle* im konkreten Fall *Schupfnudlen* sind oder nicht: Fragen Sie die Kellnerin oder den Koch!

Buddabrezzl

Soll ich da oine schmiere? Die Mutter droht so dem Schulkind nicht mit einer Ohrfeige, sondern will wissen, ob es eine Butterbrezel mitnehmen möchte. Die *Buddabrezzl*, ob zum Kaffee am frühen Morgen oder in der *Veschberpaus* ist von Konstanz bis Weinheim unverzichtbar. Die *Budda*, die auf der unteren Hälfte der aufgeschnittenen Brezel *ruhich ordendlich druffgschmierd* wird, kann regional auch männlich sein: *Geb ma mol de Budda, do isch jo nix druff.*

Dambedei

In der Weihnachtszeit gibt es in jeder Bäckerei im Groß-raum Karlsruhe die traditionellen Hefemännchen mit Rosinenaugen und Mandelmund. Das Gebäck erfreut Jung und vor allem auch Alt: *Heieiei en Dambedei: Den lass ich ligge, bis er drogge isch, i broggln dann in de Kaffee nei.* („Den Dambedei, den lasse ich erst einmal liegen, bis er trocken ist, dann werde ich ihn in den Kaffee eintunken.")

Fressalie

sind Lebensmittel, die ausschließlich der lebensnotwen-digen Ernährung dienen (also zum Beispiel *Wurschd- un Fischbüchse).* Fangfrische Hummerkrabben oder Austern zählen eher nicht dazu.

fuddere

Fuddere, schbachdle, neischiebe, niedermache, neibumbe, runnerbuddse ... Für den alltäglichen Essvorgang gibt es vor allem regional unendlich viele Verbvarianten; man versteht sie immer, weil sie stets von einer verdeutlichen-den Geste begleitet werden.

geaichd

An der Tankstelle verlässt man sich darauf, dass die Zapf-anlage geprüft und geeicht ist. Im Badischen gibt es auch *geaichde* Personen. Geeicht sind diese, je nach Betriebs-stoff (Wein oder Bier), auf Maße in Viertel- oder Halb-schritten: *zwai Vierdl am Obend, des isch doch nix, jeden-falls ned mehr wie zwai Halbe. Geaichd* bedeutet also „trinkfest".

Glischde

ist der Heißhunger, entweder auf *sei Gwohndes: Nach em gärdle* (Gartenarbeit) *glischdeds mich immer nach eme Hefewaidse* (Hefeweissbier), oder zum Beispiel auf eine saisonale Köstlichkeit *(Bald isch Schbargel- un Erdbeer-zeid).* Je nach badischer Region entwickeln die Menschen *Gluschde* statt *Glischde.* Das ist aber *Hos wie Schlipfer.*

Gneisle

ist das eine oder andere Endstück des Brotlaibs, begehrt von denen, die die Brotrinde und das Zubeißen lieben. Der zahnende Säugling beschäftigt sich gerne mit dem *Gneisle.* Ähnlich dem Brotlaib hat die Wurst zwei Enden: *Wurschdzipfel.* Sie verkaufen sich schlecht; die Stamm-kundin freut sich, wenn sie hört: *Des pack ich ihne so ei!* „So" kann also auch mal „kostenlos" sein.

Gselz/Schleggsel

Nach allen Regeln der Kunst aus besten Früchten mit aller Liebe hausgemachte Marmelade, die dem Feinschmecker die Worte „Ein Gedicht!" entlocken. Sie verleiten die *badisch Gosch* zu dem Kommentar: *Ned übel des Gselz.* Eine Ortschaft weiter erhält die bemühte Hausfrau vielleicht die Auskunft: *Ma koons/kanns esse, dei Schleggsel.* Natürlich gibt es in Baden auch ganz ordinäre *Marmelaad.*

Guudsele

Nicht den Zähnen, aber der Seele tut es ganz einfach gut: *e Guudsele schloddse.* Es gibt sie in allen Variationen, von süß *(Himbeerguudsele)* über sauer *(Zitroneguudsele)* bis hin zu scharf *(Eikalibdusguudsele).* Das letzte heißt dann *Rachebuddser.* Mancherorts werden nicht nur Bonbons *Guudsele* genannt, sondern auch die vielerlei weihnachtlichen Kleingebäcke. *E babbichs Guudsel* sagt man aber auch zu einer als etwas zu anhänglich empfundenen Person. Im übertragenen Sinn ist ein *Guudsele* ganz allgemein eine kleine, erfreuliche Sache, wie zum Beispiel ein ganz kurzes Mundartstück, wie es vom SWR in Baden seit vielen Jahren allmorgendlich zur Freude vieler Menschen gesendet wird.

Himmel un Erd

ist ein traditionelles Bauernessen: Apfelmus mit Bratkar-
toffeln *(Brägele)*. Den schönen Namen hat es von den sich
himmelhoch auf Bäumen und unter der Erde entwickeln-
den Früchten, aus denen es bereitet wird.

Huddslbrood

Huddsle sind getrocknete Früchte, vor allem Dörrpflau-
men; *Huddslbrood* ist Früchtebrot, aus vielerlei Zutaten:
Getrocknete Feigen und anderes Dörrobst, Nüsse, Oran-
gen- und Zitronenschalen werden mit Mehl, Hefe und
einem Obst-Kochsud vermengt und gebacken.

Kakao

ist in und um Karlsruhe das Gleiche wie überall. Aber nur
hier spricht man das Wort korrekt aus, nämlich staccato:
KA-KA-OOH.

Kammabeer

Es gibt viele Hersteller dieser bekannten nach der französischen Landschaft Camembert benannten Käsesorte. Im
Badischen heißt der Käse *Kammabeer.*

Kirschebloddser

Klingt etwas rustikal, ist aber, vor allem in Verbindung mit Vanillesauce, eine feine Kuchenspezialität. Die Bäckerin lässt die reifen Kirschen in den dunklen Rührteig fallen *(bloddse)*. So sind die Früchte im ganzen Kuchen verteilt.

Kraddsedde

Mehl, Milch, Salz und Eier sind der Stoff, aus dem die beliebte Beilage zu Spargel, Waldpilzen oder auch Kompotten gezaubert wird. Im Prinzip bereitet man *Kraddsedde* wie Pfannkuchen zu. Der Teig ist etwas dickflüssiger und nach dem ersten Wenden wird das Ganze in der Pfanne in Stücke zerrissen; wohl vom dabei entstehenden Geräusch her kommt der Name *Kraddsedde*. Die vor allem in Mittel- und Südbaden so genannte Speise ähnelt dem Kaiserschmarrn. In nördlicheren Gefilden Badens heißt das Gleiche wegen der wenigen notwendigen Zutaten *Beddelmann*. (In Südbaden gibt es auch *Beddelmann,* dort ist es aber eine Süßspeise aus getränktem Schwarzbrot, Äpfeln, Rosinen und Zimt).

Landjäger

waren im 19. Jahrhundert Polizeikräfte im ländlichen Raum. Heute heißen so die eckigen, paarweise gebundenen und in Naturdarm geräucherten etwa 15 Zentimeter langen Würste aus Rind- und Schweinefleisch, Speck und Schwarten, Rotwein und Gewürzen. Beim badischen Metzger dürfen die lange haltbaren Würste im Laden nicht fehlen. Beim Schul- oder Familienausflug finden sie sich im Rucksack zwischen Regencape und Trinkflasche. Die elsässischen Nachbarn nennen sie Gendarmen.

Oroosche

schmecken lecker. So wie der Badener das Wort ausspricht, könnten die Früchte fast auf heimischen Streuobstwiesen gedeihen: *Kirsche, Oroosche, Zwetsche*. Stimmt aber nicht, denn Orangen wachsen nicht in Baden.

Reiderlen

Mit hübsch geschnittenen, lecker belegten *Reiderlen* (Brotstückchen) möchte man ein mürrisches und appetitloses Familienmitglied zur lebenswichtigen Nahrungsaufnahme animieren. *So scheene Reiderlen hab ich dir grichded un du langsch se noch ned emol a; heieiei, du musch doch was esse in deim Zuschdand.*

Der Badener sagt – Der Badener meint

Bumsvoll/bumssatt.	*Sehr satt.*
E Pärle Haiße!	*Ein Paar heiße Würstchen, bitte!*
Gehe ma noch oiner pfeddse?	*Gehen wir noch etwas trinken?*
En Lewwerkäs im Weggle.	*Eine Scheibe Leberkäse in einem aufgeschnittenen Brötchen.*
Ich heb de Gluggser.	*Ich habe Schluckauf.*
Wars recht?	*Hat alles geschmeckt?*
Was isch en des für e Hambelmannsbrunse.	*Das Bier ist sehr dünn.*
Sieht aus wie schon emol gegesse.	*Das sieht unappetitlich aus.*

Rosebebbele

Warum *Rosebebbele* und nicht wie allerorten „Rosenkohl"? *Erschdens beschreibds des besser* (*Bebbelen* sind
kleine runde Kügelchen). *Zwaidens kannsch genau sage,
wieviel de willsch: Geb ma noch vier Rosebebbelen.* Die
hochdeutsche Version („Ich hätte gerne noch etwas
Rosenkohl.") ist da deutlich unschärfer in der Aussage.

Scharwaie

sind feine Brotfladen aus einer Roggen- und Weizenmehl-
mischung; Kümmel und grobes Salz auf der von gitter-
förmigen Linien durchzogenen Oberfläche sind typisch.

Schneggenuudl

Wenn ein Badener in einer Bäckerei nördlich der Main-Li-
nie, unschlüssig was für ein süßes Gebäck er wählen soll,
von der Verkäuferin gefragt wird, ob es vielleicht ein Roll-
kuchen sein darf, ahnt er zwar, dass damit eine *Schneggenuudl* gemeint sein könnte. Er deutet aber sicherheits-
halber vor dem Kauf noch auf das Gewünschte. Seiner im
Auto wartenden Frau reicht er dann die *Schneggenuudl*
mit den Worten: *Ei Glück kannsch in ganz Deitschland
zeige, was willsch.*

Schwarzwälda Kirschtord/Schingge/ Kirschwasser

Schwarzwälder *Kirschtord* ohne Schwarzwälder Kirschwasser ist keine Schwarzwälder *Kirschtord!* Schwarzwälder Kirschwasser geht aber auch ohne Torte oder mit *Schwarzwälda Schingge*. Dazu ein Bauernbrot: Unübertrefflich!

Simsegrebbsler

ist das Gegenteil eines professionell ausgebauten Weins, für dessen Geschmacksnotenbeschreibung man eine Kette von ausgefallenen Eigenschaftswörtern bemühen muss. *Simsegrebbsler* ist also minderwertiger Wein. Abgeleitet ist das Wort von der am „Gesimse" des Hauses rankenden Weinrebe, die zwar schön aussieht, aber keine besonders schmackhaften Trauben hervorbringt.

Subb

Wer keine Suppe mag, der entzieht sich einer lustvoll intensiven Qual der Wahl, egal in welchem Teil des Ländles: *Grünkernsubb mit Margsglößlen, Schweddsinger Schbargelsubb, Badischs Schneggerahmsübble* (Schneckenrahmsuppe), *Schwarzwälda Grumbieresubb mid Kracherle* (Kartoffelsuppe mit gerösteten Brotstückchen), *Rahmblädden* (sahnige Kartoffelsuppe mit Kartoffelstückchen), *Basler Mehlsubb, Flädle-, Bärlauch-, Riebeleun Eierschdichsubb* ... Wer Suppen liebt, kommt in Baden voll auf sein Kosten.

Tobi

E Runde Tobi! Bestellt wird damit eine Runde Schnaps. Gebrannt wird er aus Wurzelknollen der Topinamburpflanze. Sie gehört zur Gattung der Sonnenblumen und wird vor allem im Rheintal wieder zunehmend angebaut. Die Knolle findet auch in Salaten und als Gemüse Verwendung.

Tordeschaufl

Irgendwie muss die Torte auf den Kuchenteller: Für diesen Transfer braucht es eine *Tordeschaufl*. Nur mit ihrer Hilfe kann das gelingen, ohne dass *des Stiggle Tord umfliegd*.

Verheierde

sind zwei, die auch für sich allein könnten: gewürfelte Kartoffeln und Spätzle in einem Kochtopf in einer Gemüsebrühe. Die derart miteinander Vermischten bekommen vor dem Servieren noch in Butter geschmälzte Zwiebeln obendrauf. *E scheens Paar, au wenn se arg unnerschiedlich sin.*

Hechd un Co.

Hechd, Karpfe, Greddser (Barsch), Felchen, Salm un Zander. *Der Bodensee, Rhein und die Bäche im Schwarzwald lieferten und liefern (wieder) eine breite Palette feiner Fische, die man in Baden variantenreich zu servieren versteht. Ob* **Forell in Riesling** *oder* **Hechdglöösle**, *nie wird man dazu eine eintönige Beilage oder einen beliebigen Wein empfohlen bekommen. Immer sind die Komposition auf dem Teller und der Tropfen im Glas fein aufeinander abgestimmt. Dass Essen und Trinken Kulturgut sind, weiß man in Baden nicht erst, seit die deutschen Fernsehsender ihre Programme mit Kochsendungen füllen. Man hat es sich im Badischen schon lange vorher schmecken lassen. Und von den französischen Nachbarn hat man immer gerne abgeschaut und die Anregungen von dort mit badischer Gründlichkeit perfektioniert. Es gibt nur wenige Regionen mit einer so hohen Konzentration an Restaurants mit Stern(en). Aber nicht nur an diesen kulinarischen Pilgerstätten, auch in unzähligen Landgasthöfen und städtischen Restaurants kommt* **s'feinere Maul voll uff sei Koschde.**

veschbere

Die Brotzeit ist in Baden eine wichtige Angelegenheit: *Wenns e ordendlichs Veschber gebd, helf e aa.* („Wenn es ein gutes Vesper gibt, helfe ich gern.") Auch werden im Schwarz- oder Odenwald viele Kilometer nur gewandert, damit man ausreichend Grund *zum Veschbere* hat.

Wegg

Brötchen, Semmel, Schribbe ... Es gibt, je nach Teigart: *Milch- un Wasserwegg;* je nach Beschichtung: *Salz-, Mohn-, Sesam-* oder *Laugewegg;* je nach Belag: *Käswegg, Wurschdwegg, Schbeggwegg.* Sonderformen haben Sondernamen, so heißt der Mohnzopf *Berches*, das mit Mohn bestreute Hörnchen *Mohnhernle*. Hat der Bäcker gut verkauft, sind alle *Wegg wegg*.

Wienerle

E Pärle Haiße (heiße Würstchen) sind immer Wienerwürstchen *(Wienerle)*. Sie dürfen in keinem Freibadkiosk fehlen, sind beliebt bei Kindern. *Wienerle mit Kardoffelsalad* sind in vielen Familien in Baden Kult am Heiligen Abend. In Württemberg heißen sie *Saitenwürstchen* und kommen dort zwischen *Linsä un Schbädslen* auf den Teller.

Wurschdbrood/Worschdbrood

Was Esau das Linsengericht war, ist dem Badener vielleicht das *Wurschdbrood*. Allein das genüssliche Sprechen des Worts *Wurschdbrood* nährt schon, da hat man richtig was im Mund. So richtig satt und glücklich macht *e Wurschdbrod* natürlich noch nicht, auch ist *Wurschdbrood* nicht gleich *Wurschdbrood*. Alle Wünsche erfüllen erst *zwai Wurschdbroode: oins mit Lebber- un oins mit Griebewurschd. Mit ordendlich Senf dazu gehd au noch e Schwardemagebrood.* Mit einem *Essiggirgle* (Essiggurke) und ein paar *Zwiwwelring* (Zwiebelringen) schön garniert ist das genannte Trio ein Klassiker im badischen Gasthaus: *Hausmacher Veschberdeller.*

Zibärdle

sind kleine, an den wild wachsenden Zibarteseträuchern wachsende, dunkelviolette, mühsam nach dem ersten Frost zu erntende Wildpflaumen. Früher bildeten die Sträucher Umrandungshecken um Äcker und Wiesen. Besonders in der Ortenau, wo es über 7000 Kleinbrennereien gibt (in ganz Deutschland sind es um die 25000), brennt man daraus eine absolute Rarität unter den Schnäpsen, eben das *Zibärdle:* ein Superschnaps, der sich nicht im Supermarkt findet.

zviel un zwennich

Das ideale Maß liegt zwischen Zuviel und Zuwenig: *Im Zwiwwelkuche ware zviel Zwiwwel un zwennich Schbegg, in de Zimdschdern zwennich Zimd un zviel Zugger.* („Im Zwiebelkuchen waren zu viele Zwiebeln und zu wenig Speck, in den Zimtsternen zu wenig Zimt und zu viel Zucker.") Das anspruchsvolle gaumenfreudige Völkchen am Oberrhein zu bekochen *isch kain Schlegghafe* (einfaches Unterfangen), sondern eine echte Herausforderung.

Bubeschbiddsle

500 g Kartoffeln, 5 EL Mehl, 1 TL Salz, 2 Eier, eine Prise Muskatnuss (für zwei Personen): Kartoffeln weich kochen, dann pellen und durch eine Presse drücken. Die Masse etwas erkalten lassen, dann mit den anderen Zutaten zu einem glatten, nicht klebrigen Teig kneten. Aus diesem dann fingerdicke Rollen formen und diese in fingerlange Stücke schneiden. Die **Bubeschbiddsle** jetzt in siedendem Salzwasser garen, bis sie von selbst aufsteigen. Mit einem Schaumlöffel entnehmen, abtropfen lassen und mit Küchenpapier trocken tupfen. In einer Pfanne werden die **Bubeschbiddsle** zum Schluss rundum gebraten, damit sie eine leckere Kruste bekommen.

Kapitel 3

Liebes-geflüster

Crashkurs

Ich möchte dich ganz fest umarmen.	*Lass de emol drigge.*
Ich sehe es kommen: Der Frauenheld lässt Eva sitzen.	*Bass uff, der Halodri lassd d'Eva ame scheene Dag hogge.*
Horst betrügt Axel mit dessen Frau.	*De Horschd zinseld mid em Axel seinere.*
Der treibt es mit jeder Frau.	*Der hupfd mit jedere in d'Kischd.*
Die beiden haben sich verliebt.	*Die zwai henn sich inenanner verguggd.*
Bärchen, Schweinchen, Hase, Kätzchen, Meise, Schatz …	*Bärle, Buddsele, Häsle, Keddsle, Meisle, Schäddsle …*
Mein Gott, bin ich verknallt.	*Mich hads verwischd, un wie!*

Zwischen den beiden bahnt sich was an.	*Bei denne hadds gschnaggeld.*
Küss mich!	*Geb ma en Schmadds!*
Ich würde gerne so vieles mit dir unternehmen.	*Häddsch Luschd?*
Mit dir ist es überall aufregend und erotisch.	*Mit dir ischs gribbelich an jedem Fleck uff dere Weld.*
Jetzt zier dich doch nicht so.	*Mach ned rum.*
Monika hat mir den Kopf verdreht.	*D'Monika machd me gans hinnerfier.*

Badische Amorismen

- Seid drei Woche machd d'Sylvia Drennkoschd; ihr Mann will jeddsad au e aigenes Bedd.
- Bin ich imma de falsche Männa begegned oda bin ich de Männa imma falsch begegned?
- Ned wege un weil, sondern obwohl un nachdem liebe mir zwai uns scho soo lang drodsdem immer noch.
- Alle vier Woche scheind de Mond voll in unser Lebe; dann habe mir unsere Tage, des haißt, sie ihre un ich mei Zweifel, ob mir wirglich uff em gleiche Blaned lebe.
- Es bedarf keiner Worde bei me eigschbielde Team, des sich liebd, de Adem geniegt.
- Wenn Du so wärsch, wie ich gern hädd, dass wärsch un ned so, wie d'bisch, dann hädd ich dich gern so wie d'bisch, weil e perfektes Gligg, ich kenn mi doch, mei Ding ned isch.

bussiere

Geb ma e Bussi, geb ma en Schmadds: „Küsse mich." Werden Küsse ausgetauscht, dann wird *rumgebussld oder bussierd.*

bimbere

Hat das Neugeborene *e Bimberle*, dann verkündet die Hebamme: „Es ist ein Junge." Das *Bimberle* wächst mit und wird zum *Bimber* (ausgewachsener Penis). Davon wird auch das weniger schöne und nicht nach zärtlicher Erotik klingende *bimbere* (beischlafen) abgeleitet. Manche sagen, auch nicht gerade Verbalerotik der prickelnden Art: *E Nimmerle schiebe* oder *veegle* (vögeln) oder *ins Neschd schdeige* (ins Bett gehen).

Gegesse wird dahaim!

Wenn der Angetraute auf der Straße anderen Frauen hinterher schaut, heißt es gern: *Abbedid hole kannsch da überall, wo d'willsch, aber gegesse wird dahaim, mein Lieba.* (Lust holen kannst Du Dir, wo Du willst, aber lieben darfst Du nur mich). Die Warnung vor dem Seitensprung wird also schön verpackt.

Sie: „**Wo waarsch en Du solang, s'isch halber zwai? Ich hab koi Aug zugmacht die halbe Nachd!**" Er: „**Ja moinsch du etwa, ich hädd gschlofe?**"

Naggdfröschle

Na du mei Naggdfröschle! Zärtliche Anrede oder auch freudiger Ausruf, wenn die Partnerin/der Partner unbekleidet zu einem ins *Bedd schlupfd.*

nebenaus

Nebenaus tritt jemand auf einem schmalen Pfad, um den Gegenverkehr passieren zu lassen. Weniger harmlos ist es, wenn *er* oder *sie nebenaus*, also fremd geht.

nuudle

Knuddeln, liebkosen. Darin steckt das Wort Nudel, also die Teigware, die man genüsslich in der leckeren Soße wendet, bevor man sie vernascht.

Ribble

E Ribble Schoklad ist Nervennahrung für zwischendurch, *e Schweineribble* (gepökeltes Schweinerippenstück) eine deftige Vesper. Als *Ripp* (das verniedlichende „-le" am Ende fehlt) wird eine Frau tituliert, die ganz und gar nicht männlichen Vorstellungen entsprechen will. Sie erscheint als widerspenstiger und gebieterischer *Hausdrache, der Hoor uff de Zähn* hat. Typisch für *e Ripp* ist also, dass sie über ein entsprechendes Vokabular verfügt *(Du alder Magger, Madscho, Ladsche, Luuser, Lusch ...).*

Der Badener sagt – Der Badener meint

Bussierschdengl	*Herzensbrecher, Frauenheld*
Mei Moggele!	*Ich liebe dich auch und gerade, weil Du nicht gertenschlank bist.*
Schlupf her.	*Komm zu mir ins Bett, unter die Decke.*
Ich könnt dich grad …	*Ich begehre dich augenblicklich.*
Du bisch doch mei Buddsele, gell?	*Du bist mein Schatz, oder etwa nicht?*
De Gabi ihr Gschbusi.	*Gabis Geliebter.*
Feschder!	*Du brauchst dich nicht zurückhalten.*
Ned so feschd!	*Etwas zärtlicher bitte.*

Schbads

Ein sehr verbreitetes Kosewort. Beim Aussprechen denkt dabei aber kein Mensch an einen Spatz/Sperling, sondern nur an seine Liebe. Meint er/sie es besonders liebevoll, dann ruft er/sie *Schbädsle* und dabei wird keinen Gedanken an die gleich lautenden, aus dem Schwäbischen stammenden Teigwaren verschwendet. Es geht nicht um das Essen, höchstens darum, *dass die zwai sich zum Fresse gern hawe.*

scharwendsle

Wie die um den rumscharwendsld isch, des war nimma feierlich: Die Art, wie diese Frau diesen Mann umgarnt hat, war unerträglich. Die Frage ist, für wen? Es kommt darauf an, wer um wen herum *scharwendsld* und wem das wie auffällt.

unnerum un obberum

Net glei unnerum fuschle (nicht gleich unten fummeln), *zerscht in aller Ru e bissle obberum kuschle ...*, ist die bessere Devise, will man(n) sein Ziel erreichen.

Kapitel 4

Donner-
wetter

Crashkurs

Ich gebe Dir gleich eine Ohrfeige, wenn Du nicht aufhörst.	*Ich schmodds da glei eine!*
Der/die braucht einen Schuss vor den Bug.	*E paar uffs Maul un guud.*
Achtung, die hat eine gespaltene Zunge.	*Die isch vorne aa ned wie hinne.*
Diese Frau hat wirklich gar nichts im Kopf.	*Die Schbinadwachdl dengt net fir fimf Pfenning.*
Dieser ungehobelte Mensch hat mich unflätig beschimpft.	*Der Hewwel hat mi alles zammeghoiße.*
Der Max spinnt.	*De Max hat en Schbarre.*
Intellektuell ist nicht viel los mit dem.	*Dem hen se ins Hirn gschisse.*
Lina kann machen, was sie will, von mir bekommt sie nichts mehr.	*D'Lina kann ma gschliche komme.*

Das mag ich absolut nicht.	*Dodemit kannsch me jage.*
Der kann sein blaues Wunder erleben!	*Dem schlag i d'Laif ab, wenn i den verwisch!*
Der macht ein Gesicht wie drei Tage Regenwetter!	*Ziegd der widder e Fleddsch naa!*
Vorsicht, der hat Macht, Bildung, Einfluss.	*Obachd, des isch en Großkopfedder.*
Du kannst doch hier nicht in der Nase bohren.	*Wenn owe bisch, schreibsch e Aasichdskaard.*
Du nervst absolut.	Du gehsch ma elend uff de Senggel.

Aarschbaggegsichd

Gugg da doch nur dem sei Aarschbaggegsichd aa, na waisch alles! So spricht man nur über einen Mitmenschen, nicht mit ihm. Der so Titulierte muss sich allerdings auch einiges geleistet haben. Die etwas abgespeckte Version lautet *Aarschgsichd* und kommt leichter über die Lippen.

Bese

Ein Besen gehört in jeden ordentlichen Haushalt; wer seinen Haushalt mit einem *Bese* (eine garstige, ruppige Frau) teilen muss, mag in sauberen Verhältnissen leben, schön und gemütlich hat er es dennoch nicht. *Gifdschbridds* (Giftspritze) und *Schdrupfer* (Schrubber) sind Worte, die aus derselben Not heraus gesprochen werden.

Daggl und Co.

Daggl, Zwuggl, Seggl, Hewwl nennt man Männer, die sich selbst erniedrigen *(Der machd sich doch zum Daggl/Grasdaggl, Laggl!)*; klein von Wuchs sind, aber nicht zurückhaltend *(Was nemt denn der Zwuggl sich raus!)*; ohne viel nachzudenken Mist gebaut haben *(Ned für fimf Pfenning hat der Seggl/Granadeseggl iberlegd)* oder durch Neigung zu Gewalt negativ auffallen *(Der Hewwl had em oifach uff d'Labb gschlage)*.

Debb

ist eine Person, die rundum Angriffsflächen bietet (Dummheit, Bosheit, Ignoranz, Einfalt u.v.m.). Es ist ein schnell gesagtes, in Baden sehr viel verwendetes Schimpfwort, das man auch auf sich selbst anwenden kann: *Ich bin doch echd en Debb, lass ich inne de Schlissl stegge un badsch die Dier von auße zu!*

Dranfunsel

Eine *Dranfunsel* ist der Schrecken jedes Arbeitgebers, nicht nur, dass sie wenig erhellend, weil selbst wenig erleuchtet ist; sie *driehld vor sich naa* (sitzt da und tut nichts Erkennbares) oder *schlebbd sich durch de Raum* (bewegt sich schleppend). Zwar führt die *Dranfunsel* den weiblichen Artikel vor sich *(e)*, sie kann aber trotzdem *Horschd* (Horst) mit Vornamen heißen. Identisch mit einer *Dranfunsel* ist eine *Drandüüd*.

Dregg un Co.

Schmutz ist *Dregg*, schmutzig *dreggich*. Das Wort Schmutz taucht auf Hinweis- oder Verbotsschildern auf: „Das Beschmutzen der Parkanlage ...". Real existierender Schmutz ist in Baden *Dregg*. In unzähligen Zusammensetzungen taucht *Dregg* auf und teilt eindeutig mit, was von dem Menschen, dem Tier, der Sache, zu halten ist: *Dreggskerl, Dreggsluder, Dreggsding, Dreggsköder, Dreggschleuder* (Auto ohne Katalysator), *Dreggswetter, Dreggschlabbe, Dreggsglamodde*. Eine nicht zu überbietende Diffamierung steckt im Wort *Dreggsauhaushalt: Pfui Deifel, bei dene däd ich im Lebe nix aariehe, so wies do aussieht.* Auch hinten kann *Dregg* stehen: *Hunde- oder Katzedregg*; *Bäredregg* dagegen kann man sogar essen; *Bäredregg* ist Lakritz.

Edschebedsche

Edschebedsche, mein Lehrer isch kraaaaank ... un deiner neeehet. Auch Erwachsene sind schadenfroh, etwa der Autofahrer mit der Nummer KA-SC 1, der es noch bei Grün über die Kreuzung schafft und den Porsche mit der Nummer S-VFB 18 im Rückspiegel hinter sich anhalten sieht: *Edschebedsche!*

Fresszeddel

Notizzettel. Ein schlecht formuliertes, mit Klecksen ver-schmiertes, womöglich verknittertes Schreiben, durchaus in DIN A4, kann zu der Reaktion provozieren: *Uff so en Fresszeddel geb ich gar koi Andword.*

Gedudl

Musik, die auf die Nerven geht: kann aus dem Radio kom-men oder durch die Wand zur Nachbarwohnung. Es han-delt sich eher um Gesang oder Blasmusik. *Geglimber* ist unvirtuose Klaviermusik. Ob durch Luftstrom, Tasten-druck oder Zupfen erzeugter, nicht gewünschter Schall, ob *Gedudl* oder *Geglimber*, ein jedes *zerrd uff sei Ard an de Nerve.* Irgendwann reißt dann *de Geduldsfade* und der Hörer wider Willen wird seinerseits laut.

> ### Kummulieren und Panaschieren
> *Bei der Wahl des situativ notwendigen und passenden Schimpfwortes sind im Badischen Kummulieren (**Riese-granade Aarschloch**) und Panaschieren (**saubledes Rindviech**) erlaubt.*

Heggmegg

Aus ere Mugg (Stubenfliege) *en Elefand mache*, wegen einer Lappalie einen Aufstand erzeugen, kann man auch mit den Worten *wege nix en Heggmegg mache* ausdrücken. *Nix* kann in diesem Fall ein kleiner Fleck, ein unauffindbares Schräubchen sein oder ein *uffgegessenes* Schinkenbrötchen; letzteres wäre dann *en Heggmegg wege eme Schbeggwegg.*

Der Badener sagt – Der Badener meint

Ich helf da glei! — *Ich warne dich, tu das nicht.*

Bleedes Mensch, bleedes! — *So eine dumme Kuh!*

Oins nach em annere. — *Bitte keine Hektik!*

S'isch wies isch. — *Klagen hilft nicht. Nimms an.*

Des isch e Frichdle! — *Der ist unberechenbar, Vorsicht!*

Jesses nai! — *Was ist denn da passiert?*

Zieg kai Leddsch naa! — *Bitte lächeln!*

Aus ere Mugg en Elefand mache ... — *Eine Kleinigkeit aufbauschen ...*

Bumb di ned so uff! — *Spiel dich nicht so auf!*

Heieiei

ist ein stets rhythmisch vorgetragener Ausruf der Verwunderung: *hei-ei-ei*, wie ein Walzertakt auf der ersten Silbe betont und alle Silben mit gleicher Länge (**eins**-zwei-drei). Ein ganz klein wenig Ärger schwingt mit. Ist die Sache doch sehr verwunderlich und ziemlich ärgerlich, dann wird das verdeutlicht durch Hinzufügung zweier weiterer Silben, sodass sich ein Laut aus fünf gleich langen Silben ergibt *hei-ei-ei-ei-ei*. Es gelten die gleichen Regeln wie bei dem Dreiertakt: Betonung der ersten Silbe und alle fünf Silben staccatoartig hintereinander wegsprechen **hei**-*ei-ei-ei-ei* (**eins**-*zwei-drei-vier-fünf*). Die Kombination von zwei oder vier oder mehr als fünf -*ei*-Silben gibt es nicht – das würde nicht stimmig klingen. In Fällen, in denen die beschriebenen Varianten nicht ausreichen, um Verwunderung und Ärger genügend Ausdruck zu verleihen, steht eine Variante aus acht gleich langen, allerdings unterschiedlichen Silben zur Verfügung: *Herrgodd-sa-gra-moschd-noch-e-mol* (eins-zwei-drei-vier-fünf-sechs-sieben-acht).

Heiligsblechle

ist kein Substantiv, das etwa für den wie eine heilige Kuh verehrten Benz in der Garage steht. *Heiligsblechle* ist eine Exklamation. Wo dieses Wort ausgerufen oder ausgestoßen wird, da wundert oder ärgert sich ein Mensch; Ursache oder Schuldfrage sind zum Zeitpunkt des Ausrufs noch nicht im Fokus. Wer *Heiligsblechle* ruft, erkennt gerade, dass er demnächst etwas begreifen und annehmen muss, ob er das will oder nicht. In der Regel will er nicht.

Hoschbes

ist ein Zappelphilipp, neudeutsch ein hyperaktives Kind.

Laddsche

ist ein *Seggl* (Idiot), *Bachl* (Dummkopf), *Hamblmann* (Mensch ohne eigenen Willen), *Drieler* (Langweiler), d.h. er kann alles in Personalunion oder auch nur eines davon sein. Nicht boshaft, eher blind und unsensibel für Nöte und die Situation anderer lebt er *in de Dag nei*. Sein Gang ist Ausdruck seines Wesens: *Wie der Laddsche durch d'Gegend laadschd! Des sagd alles!*

Liegebeidl

Wer einmal lügt, dem glaubt man nicht. Wer mehr als einmal schwindelt, bekommt ein Etikett: *Liegebeidl*. Es lässt sich kaum mehr entfernen: *Der liegd doch, wenn ers Maul uffmachd!*

Mensch

Wie etwa der Begriff „Angestellte" (der/die) ist im Badischen auch „Mensch" ein Differentialgenus: *der Mensch/das Mensch* (die Mensch gibt es nicht). Während d*er Mensch* edel, hilfreich und gut sein kann, bekommt *das Mensch* nur unpoetische Attribute: *elendes, roddsfreches, uverschämdes (Sau)mensch!*

Nachdwechder

Schlofmüds, Drieler, Lahmaarsch: Wie es halt so ist im realen Leben, sind diejenigen, auf die man sich eigentlich verlassen muss (Nachtwächter), nicht immer unbedingt die Wachsamsten.

Pfeifedeggl! Puschdekuche!

Nach einer erfolglosen Aktion, gleich auf welchem Gebiet ruft man *Pfeifedeggl* oder *Puschdekuche*. Die Bedeutung ist identisch, ansonsten haben die Wörter außer dem Anfangsbuchstaben nichts gemein. Der *Pfeifedeggl* bringt den Tabak zum Erlöschen. Johann Friedrich Wilhelm Pustkuchen war ein erfolgreicher Buchautor und von Goethe gar nicht geliebter Widersacher. Das musste er mit der Verhohnepipelung seines Namens büßen, die angeblich auf den verärgerten Goethe selbst zurückgeht.

Schlabbergosch

Ein niemals ruhendes Mundwerk. Es gehört oft einer *Schdadtschlabb* (Tratschweib), die sich *wunnerfiddsich* (krankhaft neugierig) für alles interessiert, vor allem, wenn es sie gar nicht betrifft. Echauffieren kann sie sich dabei über Menschen, die *sichs Maul über annere zerreiße.* Sie weiß also durchaus von dem hohen Gut der Diskretion. Es sind aber ausschließlich die anderen, die sie nicht wahren.

Schlabbohr

ist ein abstehendes Ohr (in der Regel hat man davon zwei). Kommt das Wort aber doch in der Einzahl vor *(dem Schlabbohr kannsch ned draue),* dann ist damit ein Spitzbube bezeichnet, vor dem man sich in Acht nehmen und dem man keinesfalls vertrauen sollte. Das Gleiche gilt für den *Schereschlaifer* (Nichtsnutz) und *Schluri* (unzuverlässiger Zeitgenosse).

zerdebbere

Zerschlagen. Wo zu dem Wort gegriffen wird, da sind Jähzorn und Gewalt im Spiel: *Alles hen die zerdebberd an oim Obend.* („An einem Abend haben sie alles zerstört.") Bevor *zerdebberd* wird, sind die Betroffenen vermutlich zuerst *zammegrassld* (aneinandergeraten).

Du bisch so
gscheid wie
siebe Dumme

Kapitel 5

Geflügelte Worte

Crashkurs

in der Ritze des Doppelbetts schlafen	*im Gräbele schloofe*
Mit dem Kleidungsstück kannst du unmöglich unter die Leute gehen.	*Den Feddse kannsch bloß dahoimrum aaziege.*
Da muss jemand sein!	*Do isch ebber!*
Die Aktivität/Investition kann man sich sparen.	*Des isch de Meis gepfiffe!*
Verwirr mich nicht mit deinem Gerede.	*Mach de Babbe ned schdrubblich!*
Trink aus, wir gehen.	*Drink voll leer, dass ma weiderkomme.*
Hau ab!	*Mach, dass Land gwinnsch.*

Plötzlich gab's einen Schlag.	*Uff emol hads grummsd.*
Der lässt es bei der Arbeit geruhsam angehen.	*Der isch ned von Schaffhause.*
Dümmer hätte es nicht laufen können.	*Sauber liggd de Babbe im Sarg.*
einen kleinen Umweg machen	*en klainer Schlengger mache*
Lass mich in Ruhe!	*Komm, geh ford!*
Du spinnst wohl?	*Also horch emol!*
Viel Mühe gibt er sich nicht.	*Der brechd sich koiner ab.*
Schau mich gefälligst an, wenn ich mit dir rede.	*Guck mi aa, wenn i mid da schwedds.*

Darfs e bissle mehr sei?

So lautet die gängige Frage der Wurstverkäuferin, die nicht 100, sondern 113 Gramm aufgeschnittenen Bierschinken auf der Waage vor sich liegen hat. *Lennses* („lassen Sie es"), erwidert die Kundin wohlwollend.

de ergschde Feind

Der schlimmste Feind ist immer der, mit dem man gerade im Clinch liegt. *De ergschde Feind* kann aber auch *d'Kälde, s'Gladdeis, e Affehidds oda de Dorschd* (Kälte, Glatteis, Hitze, Durst) sein.

Des geht doch widder aus wies Hornberger Schieße!

Trotz allem Aufwand wird am Ende nicht stehen, was wir uns wünschen. Ein gängiger Spruch, der auf ein gut vorbereitetes und doch peinlich endendes Ereignis in der Schwarzwaldstadt Hornberg zurückgeht. Etliche Sagen ranken sich darum: Aus Übereifer wird das Pulver zu früh verschossen. Das aufwendig vorbereitete Schützenfest bzw. der gebührende Empfang des Landesvaters muss deswegen ohne donnernde Salutschüsse auskommen. Was allerdings Jahrhunderte lang bleibt, ist die Rede davon.

Des hasch da selber eigebroggd.

„Das Problem hast Du Dir selbst eingehandelt." *Häddsch uff mich ghorchd, na häddsch des Problem ned!*

Des isch doch alles Kabbes!

„So ein Unsinn!" Diese Ideen braucht man wirklich nicht weiterzuverfolgen, es lohnt sich nicht.

Des lebberd sich ...

Ein paar Cent hier, ein paar Cent dort ergibt ein hübsches Sümmchen oder eben Badisch: *Des lebberd sich.*

Die hebe gfresse!

„Die kann ich überhaupt nicht ausstehen!" Dich dagegen *hebe zum Fresse gern.*

Do kannsch nix sage ...

Lob begehrt jeder. Jemanden oder etwas aber in den höchsten Tönen besingen, klingt verdächtig, nach Lobhudelei; die wird tunlichst vermieden. Auf die Dosis, die Prägnanz der Formulierung kommt es an, wenn etwas wirklich des Lobes wert ist: *Do kannsch nix sage* ist die authentische Formulierung dazu. Wenn zum Beispiel die Aussicht vom Lokal atemberaubend, der Tischschmuck äußerst ästhetisch, das Menu zauberhaft, die begleitenden Getränke wohl abgestimmt, der Preis mehr als angemessen, das bedienende Personal professionell, die Parkplatzsituation ideal und das Timing perfekt waren, dann *kannsch do nix sage*. Vielleicht wird noch ein *eiwandfrei* hinzugefügt. Vielleicht!

Druggs net rum, schbuggs aus!

„Rücke endlich mit der Wahrheit heraus!"

Du bisch so gscheid wie siebe Dumme!

Zwar macht auch Kleinvieh Mist, der zum Düngen taugt. Dummheit mit Dummheit gepaart bleibt aber Dummheit.

Du gfallsch ma.

Wochelang hasch dich ned sehe lasse, un jedsd willsch glei widder eiziege (einziehen, bei uns wohnen). *Ha, du gfallsch ma!* „Du spinnst wohl!" Das meint der Vater, wenn der verlorene Sohn mit Sack und Pack wieder unerwartet in der Haustüre steht. *Du gfallsch ma heit gar ned*, sagt die besorgte Ehefrau, wenn sie Sorge hat, dass der Ehemann krank sein könnte. Natürlich gefällt den Badenern auch manches tatsächlich: *Des Ding gfalld ma.* Das heißt aber noch lang nicht, dass es gekauft wird.

Gleivoll hemmas.

„Gleich haben wir es geschafft." So spricht man sich Mut zu, wenn ein schwieriges oder kniffliges Projekt kurz vor dem Abschluss steht. *Hoffe mas*, lautet die etwas ungläubige Antwort dessen, der mit von der Partie ist.

Herkunft auf Badisch

En waschechder Brigand kommt aus Karlsruhe, **en Seehaas** stammt aus Konstanz am Bodensee und zu einer gebürtigen Heidelbergerin sagt man, sie **isch mit Neggawassa gedaafd.**

Ha waisch en du des ned?

Wer so fragt und die Frage zu einem Wort verschleift (*hawaischendudesned?*), am Ende der Wendung noch mit der Stimme hoch geht, so dass das *ned* über dem Gefragten schwebt, der fragt nicht, sondern bedeutet dem Gegenüber: „Meine Sicht der Welt ist richtiger als deine". *De Filder muss ma als weggsle, ha waisch en du des ned?* Treffend antworten geht nicht wirklich: *Ha doch* würde zu weiteren demaskierenden Fragen führen, wie: *Ja warum hasch en dann ned gweggseld, den Filder?* Am wirksamsten ist die Antwort *ha noi* (nicht die vietnamesische Hauptstadt ist gemeint; das *oi* am Ende wird gezogen, die Stimme hebt sich wie am Ende von *haweischendudesned?*). Mit *ha noi* wird anerkannt, dass etwas gelernt/erkannt und die Weltsicht entscheidend erweitert wurde.

Der Badener sagt – Der Badener meint

Mein lieber Scholli.	*Nicht schlecht, alle Achtung!*
Lennses!	*Lassen Sie es bleiben.*
Gleivoll hemmas.	*Wir sind gleich fertig.*
So e Maleer!	*Das ist eine schöne Bescherung.*
Mir sodde!	*Wir sollten jetzt gehen, es ist spät.*
„Weller wars?" **„Seller!"**	*„Wer von denen war es?"* *„Der dort!"*
Musch Waschlabbe un Saif neme.	*Mit Waschhandschuh und Seife müsste der Fleck weg gehen.*
Had die Bulver!	*Mensch, hat die Frau viel Geld.*

Hinne heb ich kei Auge

entschuldigt man sich, wenn man zu konzentriert auf das ist, was vor einem passiert, und dabei dem Hintermann aus Versehen auf die Füße tritt.

Horch emol, ich will da was verzehle …

Ich bitte um deine volle Aufmerksamkeit, also schau mich an, hör mir zu und komm ein wenig näher, es muss nicht jeder hören, was ich dir erzählen will.

Horch jedsd, oder s'gebt e paar hinner d'Ohre!

„Tu endlich, was ich sage, sonst bekommst Du eine Ohrfeige."

I helf da glei!

Die Ankündigung kann man ganz wörtlich auffassen und dann darf man damit rechnen, demnächst Unterstützung bei der Lösung eines Problems zu bekommen. Meistens ist aber – eher ironisch – das Gegenteil gemeint: Dann sollte man nicht mit Hilfe, sondern vielmehr mit unangenehmen Sanktionen rechnen. *I helf da glei* ist dann eher drohend zu verstehen.

Im Lebe ned!

„Das kann nicht sein; ich bin fest davon überzeugt, dass das nicht vorkommt." *Im Lebe ned fahrd de Erwin freiwillich nach Schduddgard.*

I sag da glei, wo de Bardel de Moschd hold

kann der Vater zu seinem Sohn sagen, wenn dieser auch nach wiederholter Aufforderung keine Anstalten macht, einer väterlichen Anweisung nachzukommen. Wenn der Sohnemann nach diesen Worten immer noch nicht spurt, dann *sedsds was!*

Jeds emol was anneres ...

Mit diesen Worten kann man an jeder beliebigen Stelle eines Gesprächs signalisieren, dass man das Thema wechseln möchte, auch mitten im Satz eines Gegenübers. Ob das gut ankommt, ist allerdings nicht immer garantiert.

Jedsd gehd ma glei de Gaul durch!

„Meine Geduld ist ziemlich am Ende, gleich verliere ich die Beherrschung."

Lass bloß den Gummi ned fahre!

Die Angst davor, dass einem ein Gummiband/Expander ins Auge schnalzt, ist berechtigt. Die Folgen sind fatal. *Also bloß ned fahre lasse!*

Mach kai Ferds!

Es handelt sich nicht um eine Anstandsregel. Wer diese Aufforderung zu hören bekommt, soll etwas unterlassen, da er sich und anderen damit Probleme bereiten würde. *Mach kai Ferds* heißt also zum Beispiel, dass *de Frank em Rainer sei Jennifer ned abaggere soll.*

Mid Löffl hat ders ned grad gfresse ...

„Er ist nicht der Hellste." Die Wendung veranschaulicht, dass die Person, von der die Rede ist, sich bei der Aneignung von Wissen nicht des Teiles aus der Besteckschublade bedient hat, mit dem sich schnell und zuverlässig größere Mengen einverleiben lassen, und das ist nun mal der Löffel.

S'wär abba ned needich gwese.

„Das wäre nicht notwendig gewesen." Aber erwartet habe ich es schon. Und wenn du nichts mitgebracht hättest, hätte mich das schon verletzt, aber natürlich hätte ich das dir gegenüber nicht verlauten lassen.

War des widder e Gegurge ...

Eine Reise, die nur aus Staus bestehend zur nervenden Fahrt missraten ist, wird als *Gegurge* im Gedächtnis bleiben, ebenso ein langweiliges Fussballspiel auf unterstem Niveau, das torlos unentschieden ausgeht.

Wem ghersch en du?

„Aus welcher Familie stammst du, wer sind deine Mutter und dein Vater?" *Ich bin de Käddchen ihrer un em Oddo seiner:* „Ich bin der Sohn von Käthe und Otto."

Zwai Schdunde bin ich uff em Schnäbberle ghoggd.

S'*Schnäbberle* ist die Stuhlkante, auf der man sitzt, um sofort aufspringen zu können. Tatsächlich wird der Ungeduldige (z.B. beim Arzt) auch nicht früher aufgerufen, als derjenige, *wo sich de Hinnere broidhoggd.*

Schlau gschwedsd uff Badisch

- Je mehr ma ned mache, desto ausgruhder sima heit Obend.
- Mir ligge als Sache im Mage, die heb ich gar ned gegesse.
- Egal wo de bisch, hasch dich selber debei, du bisch also nie gans alloi.
- Uff ere Bildungsreis lernsch en Haufe kenne zum Vergesse.
- Wie die babbich Dabeed, die em Moler an de Finger klebd, will ich mich ned an d'Wand bürschde lasse, bloß dass die widder was gleichsiehd!
- An dem Obend, wo morgens in en Hundehaufe neigedabbt bisch, hebsch kai Erdnissle mehr vom Debbich uff.
- Hochsommer ischs, wenn d'hoiße Supp ned kälder wird un s'kiele Blonde ned kald bleibd.
- Au in de deuerschde Hos schdeggt immer bloß en Aarsch.

Kapitel 6

Badisch für Fort- geschrittene

Crashkurs

Wegen so einer Lappalie regt die sich so auf.	*Weggadem machd die so en Uffschdand.*
Gesundheit ist das Wichtigste.	*Die beschd Grangghaid daugd nix.*
Viel ist nicht zu erkennen.	*Viel sehe duud ma ned.*
Gut gemeint, aber schlecht ausgedrückt.	*Guud gmaind, bled gschwädsd!*
Eugen ist schon ein bisschen verkalkt.	*De Eigeen isch nimmer reechd im Kopf.*
Mit Kindern hat man immer auch Sorgen.	*Do machsch was mid, wenn Kinner hasch.*
Oscar ist ein ganz spezieller!	*So oiner isch de Oscar, verstehsch?*

Ich halte mich aus dieser Sache ganz heraus.	*Ich schwädds da doo ned nei.*
Lass das besser sein.	*Des kannsch ned mache.*
Lass dich nicht auf diesen Taugenichts ein.	*Fang mid dere Lusch nix aa!*
Grüße deine Familie von mir.	*En scheene Gruß dahaim.*
Von dem/der ist nicht viel zu erwarten.	*Des isch e daube Schell.*
Mir ist schwindlig und ich fühle mich krank.	*Mir isch ganz durmelich un ich fiel me gribbich.*
Hinterher ist man immer viel schlauer.	*Hinnenooch bisch zehnmol gscheida.*

abglabbere

Mir henn alles abgeglabbert, aber s'Bassende ned gfunne.
So beklagt die Badenerin eine erfolglose Shoppingtour in
der City.

Bagge

Wangen ist eine Stadt im Allgäu. Wangen in Baden heißen
Bagge. Eine Ohrfeige ist eine *Baggewaddsch,* und der
halbe Hintern heißt *Arschbagg.*

Bammel

Hab ich en Bammel ghabd! Bammel ist die Angst, die man
vor dem Zahnarzt oder einer Prüfung hat.

derr

Wer will nicht schlank sein heutzutage? Aber bitte nicht
derr! Weder wünscht eine Mutter ihrer Tochter einen
Mann, der *derr wie en Windhund* daherkommt, noch
wünscht der Vater seinem Sohn eine Frau, die *so derr isch,
dass se e Geiß zwische d'Herner kisse kann.* Ob Schwieger-
tochter oder Schwiegersohn: *E bissle was sotte se scho uff
de Ribbe habe.* Und wenn auch noch *e Grundstiggle* in die
Liaison einfließt, umso besser.

exdra

Klingt lateinisch, ist aber ein ausgesprochen badisches
Wort, nicht wegzudenken aus dem Alltag: *Exdra fer dich
heb i des uffghobe* (für dich, und zwar nur für dich, habe ich
das aufbewahrt). Mit *Des hat der doch fer exdra* (mit voller

Absicht) *gmachd*, unterstellt man dem anderen, etwas mit Absicht getan zu haben. Wer notorisch aus der Reihe tanzt, der *broded* (brät) *widder mol sei Exdrawurschd.*

fuggere

heißt feilschen, bis der Geschäftspartner bessere Konditionen einräumt. Die mittelalterlichen Augsburger Kaufleute, die zu dem Ausdruck inspirierten, waren zwar auch *schwer druff nei* (gierig), stifteten gleichwohl die Fuggerei (eine ganze Wohnsiedlung samt Hospital für Arme und Kranke). Heutzutage stoßen wohlwollende Bessergestellte mit Prosecco auf Benefizveranstaltungen für Schlechtergestellte an.

grad

„Ned hielange!", *heb i gsagd, un die langd grad erschdrechd hie.* Wer sich also in boshafter Absicht nicht von etwas abbringen lässt, der machts *grad für exdra.* Wer jemanden um Sekunden verpasst, bekommt zu hören: *Grad war er doch noch do, grad isch er ford.* Wer genau im falschen Moment klingelt, *der kommd grad rechd.* Wer alles richtig gemacht hat und dennoch kein Lob bekommt, der hätte es *grad* (ebenso/besser) *sei lasse kenne.* Es kommt also *grad* (je nach dem) *druff aa,* was *grad grad* in dem jeweiligen Zusammenhang bedeutet. *Ned grad oifach! Odder?*

Hempfling

Ein *Hempfling* ist ein mageres Exemplar, sei es der Spezies Mensch oder einer tierischen Art.

Gallizismen

Die Nähe zu Frankreich prägt das badische Lebensgefühl: Immer besteht die Möglichkeit der kleinen Flucht im Alltag oder am Wochenende über die Brücke oder mit einer der zahlreichen Fähren über den Rhein ins anderssprechende Ausland, wo die Käsetheken reichhaltiger und die Häuser bunter sind. Es ist ein reges und endlich (nach Jahrhunderten der Erzfeindschaft) friedliches Hin und Her zwischen Badnern und Franzosen. Die Sprachen der beiden Nachbarn vertragen sich aber schon viel länger bestens: Ein ordentlicher Teil des badischen Wortschatzes ist französischen Ursprungs, natürlich hat man ihn mundgerecht adaptiert: **Kuraasch, Bagaasch, Blamaasch, Visaasch** sind die badischen Alternativen für die Worte Mut, Gepäck/lästige Gesellschaft, Schande/Blamage und für ein nicht gerade erotisch anmutendes Gesicht (**Wenn i dem sei Visaasch scho seh, no langd mas grad ...**). **Schesslo** und **Blaffo,** also Sofa und Zimmerdecke, **Biffee** und **Neglischee,** Schrank und Nachthemd mit Spitzen sind Begriffe für drinnen. **Flaniere** (sich im Park ergehen) und **fladiere** (einer anderen Person schmeicheln), **redduur** (zurück) und **visavi** (gegenüber) sind schön klingende Sprachvarianten für draußen.

Ja un Nai

Jaa ist ein klares Ja. *Joh* ist ein Ja mit einem kleinen Aber ... *Nai/noi* heißt Nein. *Ned* nicht. Nicht/nie mehr heißt *nimma*. Zwischen Ja und Nein gibt es im Badischen schier unendlich viele Nuancen: *ha joo:* na ja, aber ... *Ha nai:* Also wirklich nicht, das kann doch nicht sein! *Joh ned!*: Auf gar keinen Fall!. *Jaa, jaa:* Es ist gut, ich gebe mich geschlagen. *Ach jaa:* Es ist, wie es ist. *Ja nai:* Also ...

Kebsele

Mit einem *Kebsele* verschließt man eine Flasche. Ein *Kebsele* ist zwar unscheinbar, aber dennoch unverzichtbar. Ebenso unverzichtbar im Leben sind gescheite, fähige Menschen, die weder laut noch schrill auf sich aufmerksam machen, wo immer sie sitzen, stehen, forschen, tüfteln, hantieren, reden, operieren, lehren oder auch einfach nur da sind, zuhören und behutsam antworten. Folgerichtig nennt man auch diese *Kebselen*.

Mussich

So Mussich horche mir ned, des isch ned unser Richdung ... Je nachdem, wer das sagt, kann es sich um Blas-, Jazz-, Popmusik, Heavy Metall, Klassik – kurzum jede Art von Musik – handeln. Manchem sieht man an, *was für e Richdung der (ned) horchd.*

nebbeher

Zeitmanagement und Multitaskingkompetenz werden auch im geschäftigen Baden groß geschrieben. Entspre-

Der Badener sagt – Der Badener meint

Waschnlos?	*Was meinst du? Was gibt es?*
Weggadem ...	*Deshalb ...*
Wahrscheins!	*Das glaubst du ja selbst nicht!*
Mei Noochbare, s'Reesle.	*Meine Nachbarin Rosa.*
Lass doch laafe!	*Fahr schneller!*
Lass laafe!	*Dreh den Wasserhahn stärker auf!*
Lass alles laafe!	*Lass dem Schicksal seinen Lauf!*

chend wird vieles nebenbei *(nebbeher)* erledigt, also zeit-gleich und simultan mit dem Eigentlichen, wobei auch offen bleiben oder unklar werden kann, was das Eigentliche eigentlich ist.

(Thermal)baden in Baden

Es ist vor allem auch die Landschaft, die das Leben prägt: Mittelgebirge, Seen- und Flusslandschaften, weite Ebenen, Naturidyllen, industrielle und kulturelle Ballungsräume. Baden ist durch seine südlich-warme Lage und Vielfalt mit allem gesegnet, was ein abwechslungsreiches Leben braucht. Dazu gehören vor allem auch Badens Bäder: Von der hessischen Grenze im Norden bis Meersburg am Bodensee liegen Kurorte wie aufgefädelt auf einer Perlenkette, mal im Tal (wie Bad Schönborn, Bad Krozingen, Bad Bellingen oder Bad Säckingen), mal in Mittelgebirgslage (wie Bad Peterstal-Griesbach, Waldbronn, Bad Rippoldsau oder St.Blasien), mal mit salzigem, mal mit schweflig-mineralischem Heilwasser. Teils mit ganz großem Namen wie Baden-Baden oder Badenweiler. Seit dem 19. Jahrhundert sind die badischen Badeorte Pilgerstätten, nicht nur für die Einheimischen. Menschen aus Frankreich und Russland, Amerika und Asien fühlen sich wie magnetisch von den Kurorten angezogen. Baden ist eine Baderegion von höchstem Rang.

Podde

An *de Podde* kann man beim kindlichen *Fangerlesspiele* nicht *abgedadschd* werden. An dem von allen Mitspielern anerkannten Platz wird man zuverlässig verschont. Eine plausible Übereinkunft; leider gibt's die *Podde* nur im Kinderspiel.

rumbuble

Neudeutsch: chillen. *Rumbuble* ist eine schöne Art die Zeit zu verbringen – ohne Zweck, ganz versonnen etwas völlig Unnötiges zu tun. Das Wort Bub steckt drin. Und was gibt es Schöneres, als zuschauen zu dürfen, wenn e *Büble rumbubld*.

Uffzug

Wer keinen Anzug (*Aazug*) besitzt, kein gebügeltes Hemd und auch keine passende Krawatte, kann sich nicht überall blicken lassen. *In dem Uffzug kannsch ned uff em Theo sei Beerdigung.* Warum eigentlich nicht?! *Em Theo isch des grad egal!* Und: *Dem Uffzug, der en Faarschdduul* (Fahrstuhl) *isch, isch der Uffzug au egal.*

uulengschd

Uulängst, vor kurzer Zeit. Was also vor Kurzem erst geschah, hat sich *unlengschd, neilich, grad erschd, kirzlich* oder auch *no ned lang her* ereignet.

ummenannerrenne

Wenn de gans Dag ummenannerrenne musch, willsch am Obend nur noch d'Fieß hoch lege. Briefträger und Lagerarbeiter, die den ganzen Tag auf den Beinen sind, können ein Lied davon singen.

umschoore

Den Garten mit der Grabgabel im Herbst umstechen, ist nach Theorien des ökologischen Anbaus fragwürdig. Mancher Kleingärtner unterlässt das *Umschoore* aus ganz anderen Gründen: *Weils Greiz* (Rücken) *nimma midmachd.*

verhebe

Du sollschs ned verhebe had de Urologe gsagd, wege deiner Broschdada, mahnt die Ehefrau ihren Ehemann, wenn ein Schild auf einen Parkplatz mit WC hinweist. *Verheb dich ned!,* mahnt sie erneut bei Ankunft im Urlaubort, wenn er die Koffer aus dem Auto hievt. Sie will damit sagen, dass er zwar weiter ausladen soll, dass es ihm aber bitteschön nicht ins Kreuz fahren möge.

verseggle

Verseggle kann i mi selber! Um leer auszugehen, Schaden zu haben, mich umsonst bemüht zu haben, brauche ich dich nicht!

Der Rüde Robby war ein echtes Familienmitglied. Sein Tod an Altersschwäche traf alle hart. Und es war klar, dass er ein ordentliches Begräbnis bekommen sollte. Man lebte in einem katholischen Dorf. Das Familienoberhaupt trat also mit seinem Anliegen an den Ortspfarrer heran. Der aber lehnte es ab, dem Rüden Robby mit den Ritualen der Kirche zu beerdigen: **„Ich kann doch koin Hund begrawe, des musch doch eisehe, Heiner!"**

Also machte sich der Heiner auf ins benachbarte, protestantische Dorf zum Pastor und formulierte, schlauer geworden seine Wünsche diesmal präziser: **„Herr Pastor, mir erwarde nadierlich ned, dass sie des eifach so mache, die Sach wär uns was wert ..."**

Zwei Wochen später trafen Heiner und sein katholischer Dorfseelsorger zufällig aufeinander und der Geistliche erkundigte sich, was mit dem Hund geschehen sei und erfuhr, dass der vom evangelischen Kollegen würdig bestattet worden sei: **„Des had der gmachd?"** Heiner nickte und ergänzte zögernd: **„Na ja, mir habe hunnerd Euro gschbended für d'Renovierung von seim Gloggedurm ..."** Und der fromme Mann darauf: **„Ja Heimadland nochemol, des häddsch ma sage müsse, dass euer Hund kaddolisch war!"**

drebble

Dalle

Boxaudo

Kapitel 7

Bewegung, Sport und Freizeit

absaife

piense

Crashkurs

Wir hängen uns voll hinein.	*Jetzt geht's dewedder.*
Los jetzt, beeile dich!	*Alla, alla, dummel de!*
Beeile lieber du dich!	*Dummel numme du de.*
Immer schön langsam.	*Numme net hudle.*
Drängle nicht!	*Driwwlier net so!*
Fast hätten wir den Zug verpasst.	*Schierga heede ma de Zug net griegt.*
Hier ist mir jede Ecke bekannt.	*Do kenn i mi aus wie in meim Hosesack.*
Nun stark in die Pedale treten!	*Jetzt ordentlich drebble!*

An der Steigung ist er gestürzt.	*Wo's nuff geht, hat's en nunnerghagelt.*
Alle Achtung, hat sie eine Ausdauer!	*Alderle, hot die e Kuddel!*
Wir gehen noch im Lokal etwas trinken.	*Mir gehn noch oiner stemme.*
Das Festzelt ist voll besetzt.	*Im Feschdzelt isch's rammelvoll.*
Seine Kopfsprünge misslingen immer.	*Der kann nur Bauchblatscher.*
Es regnet in Strömen.	*Es schifft wie aus Kiwwel.*
Am besten verschwindest du jetzt.	*Du kannsch abdampfe.*

absaife

... ist ein alltäglicher Vorgang: Zur gründlichen Körperwäsche gehört das *Eisaife* (Einseifen). Diese Körperreinigung ist eine angenehme Sache unter der Dusche. Unangenehm dagegen, zumindest für einige Beteiligte, ist das *Absaife*. Diese Steigerung des *Eisaife* kommt beim Sport vor, zum Beispiel wenn man dem Gegner im Wettkampf eine hohe, empfindliche Niederlage zugefügt hat. Der *abgsaifte* Gegner fühlt sich dann ganz und gar nicht frisch und rein, sondern eher *so richdich dreggich*.

Achder

Du hosch awwer en ordentliche Achder im Radl, sagt man über eine Person und ihr beschädigtes Fahrrad. Wenn ein Rad nicht mehr rund läuft, sondern erkennbar eiert, dann hat man einen *Achder* im Rad.

Aff

Wer in merkwürdiger Haltung auf dem Fahrrad unterwegs ist, dabei wackelt und vielleicht gleich herunterfällt, der sitzt *wie de Aff ufm Schlaifstoi*. Also wie das Tier auf einer sich drehenden Vorrichtung zum Schärfen von Werkzeugen. Möglicherweise hatten früher einmal Handwerker, die mit dem Schleifstein auf Kundensuche unterwegs waren, ein gezähmtes Äffchen dabei, um so Aufmerksamkeit zu erhaschen. Wer heute *en Aff* mitbringt, ist sicher nicht tierlieb, sondern eher betrunken.

alle Ridd

Badische Zeitangabe. *Alle Ridd fahre mer zum Wannere in de Schwarzwald.* („Immer wieder mal machen wir uns zum Wandern in den Schwarzwald auf.")

Baggerloch

Das *Baggerloch* ist ein landschaftprägendes Element entlang des Rheins. In der oberrheinischen Tiefebene von Mannheim bis Basel wird Kies und Sand aus dem Boden gefördert. Durch das Graben nach diesen Baumaterialien im Grundwasser entsteht ein künstlicher See, das *Baggerloch*. Mehrzahl: *Baggerlecher*. Diese Baggerseen sind Badewannen ohne Stöpsel. Schnell wurden sie als wilde, manchmal auch gefährliche Badeparadiese genutzt, nicht nur tagsüber. Es ist herrlich, ins kühle Wasser *neizuhopfe*. Inzwischen sind viele Seen oder Abschnitte beliebte offizielle Badeplätze geworden, inklusive Eintritts- und Parkgebühren sowie Wassersport. Manche *Baggerlecher* bleiben *de Ongler* (Anglern) und dem Naturschutz vorbehalten. Von weither kommen die Besucher im Sommer an die *Badische Baggersee-Riviera*. Zum Leidwesen der Badener sind auch viele *Schwowe* (Schwaben) darunter. Der besonders beliebte *Epple*, der Epple-See zwischen Karlsruhe und Rheinstetten, ist 40 Meter tief. Während im See der Bagger nach Kies baggert, werden am Ufer auch schon mal *scheene Mädle angebaggert*.

Beiz

Bezeichnung für eine Kneipe, also ein Lokal, das man mehr zum *gmütlich sitze* als zum *fein esse* aufsucht. Eine Beiz muss nicht piekfein und modern sein. Sie darf einen herberen dunklen Charme ausstrahlen. Die Eckkneipe im Viertel hat ihre *Stammgäscht*, vielleicht mit *Stammdischler*, die eh nicht wollen, dass eine schicke Lounge draus wird. Aber *en Biergarde* darf die Beiz schon haben. Die *Wirtsleit'* sollen ja auch in den heißen badischen Sommern überleben.

In einer traditionsreichen Karlsruher Beiz wünscht ein neuer Gast ein **Achtele** Wein. Der Wirt schüttelt empört den Kopf: **„Des gibt's bei mir net, dann wardsch bis Dorscht hasch."**

Bese

Kurzwort für ein temporäres Lokal auf dem Land, meist in Weinanbaugebieten: die sehr beliebt gewordene Besenwirtschaft. Man sitzt gemütlich in umgebauten Wohnräumen oder an einfachen Tischen mit Bänken in einem *Schopf,* einer Scheune. Oft in Verbindung mit einem Winzer- und Bauernhof. Früher durften nur eigene Erzeugnisse angeboten werden. Also etwa *Wei, Brotworscht* und Sauerkraut. *Bese* hatten nur offen, wenn gerade keine Ernte- und Arbeitszeit war. Von einer bis drei Wochen am Stück, mit einer gesetzlich vorgeschriebenen maximalen Öffnungszeit. Zum Zeichen, dass man einkehren konnte, wurde ein Reisigbesen vors Haus gehängt, *de Bese*. Heute haben viele *Bese* eine Gaststättenkonzession fürs ganze Jahr. Es gibt sogar *Edel-Bese* im Industriegebiet. Im richtigen *Bese* sind keine Reservierungen möglich. Wird's voll, *muss mer halt zammerugge.*

In einer Kurpfälzer Pizzeria bestellt eine Frau die Riesenpizza. Der italienische Kellner fragt höflich: „Sollen wir die Pizza teilen in vier Stück oder in sechs Stück?" Antwort der Frau: **„Mache se vier Deele, sechse sin zuviel for mich."**

bibbere
Wer nur leicht bekleidet bei Kälte, Regen oder im Winter unterwegs ist, muss halt *bibbere*, also frieren oder zittern. *I bibber mit dir mit*, heißt es, wenn man mit jemanden bei einer Prüfung bangt.

Boxaudo
Fahrgeschäft beim Jahrmarkt oder der *Kerwe*. Wird offiziell Auto-Scooter genannt. Aber *Boxaudo* trifft anschaulich den Sinn der Sache. Gummigepufferte Elektrowagen prallen aufeinander wie Boxer. Die *Fahrgäscht* werden ziemlich durcheinandergeschüttelt und kreischen. Junge Männer wollen mit ihren Fahrkünsten am Lenkrad des *Boxaudos* der Damenwelt imponieren. Zum Rückwärtsfahren *muss ma gonz schee am Lenkrad drille* (drehen).

Bulldog

Im Gegensatz zur Bulldogge ist der *Bulldog* kein lebendes Wesen, sondern eine Maschine. Aber eine, die vor allem Männern ans Herz wachsen kann. *Guck, do fährt en echte Bulldog,* heißt es bewundernd vom Straßenrand, wenn dieses Gefährt in Sicht kommt. *Bulldog* ist ein anderes Wort für einen Traktor. *Ufm Bulldog sitze,* sich um seine Technik zu kümmern und ihn in Schuss zu halten, bleibt Hobby auch von Büromenschen in ländlichen Gegenden. *Bulldog* ist ursprünglich die Typenbezeichnung für einen Ackerschlepper der Fima Lanz aus Mannheim. Er wurde von 1921 bis 1957 gebaut und zum Gattungsnamen für vergleichbare Traktoren. Wie das „Tempo", aus dem badischen Bühl, für die Papiertaschentücher. Leidenschaftliche Traktorfahrer gründen eigene Vereine, kommen zu *Bulldogtreffe* zusammen und lesen Zeitschriften wie „Der Schlepperfreund".

Dalle

Mensch, ich hab scho widder en Dalle an meim Audo. Man muss nur beim Rückwärtsfahren einen Kübel übersehen und schon ziert eine neue Beule *mei heilix Blechle*, also die Karosserie. *De Dalle kann deier werre* (teuer werden). Vor allem wenn er noch in Zusammenhang mit einem anderen *Dalle* produziert wurde. Wer zu viel Alkohol getrunken hat, bekommt *en Dalle*.

dorgle

Auffälliges, unsicheres Gehen, schwanken, taumeln. *Wo dorgelsch'n du no? Hajo, en guude Schtolperer fällt net. Am beschde gehsch immer do an de Wand long.* Man muss sich nur zu helfen wissen ...

Dorscht

Der Durst eines bestimmten Mannes sorgt per Mundart-lied für anhaltende Berühmtheit: Der *Brusler Dorscht*. In Bruchsal (Landkreis Karlsruhe) gab es der Legende nach im Mittelalter einen Grafen Kuno. Der hatte immer reich-lich Durst, aber wenig Geld. Trotzdem zog es ihn täglich in den *Rappen*, sein Stammlokal. Das ging ins Geld und schließlich kam es soweit, dass er seine Ländereien ver-pfänden musste. Daran erinnert ein Lied mit dem Refrain: *Denn der Dorscht, der alte Brusler Dorscht, war die Leiden-schaft des Grafen, alles andre war ihm worscht.* Im Testa-ment soll er seinen Landeskindern diesen veritablen *Dorscht* sogar vererbt haben. Graf Kuno ist bis heute die Symbolfigur der Bruchsaler Fastnacht.

Auch in Heidelberg auf dem berühmten Schloss erinnert man an eine trinkfreudige historische Figur. Der Zwerg Perkeo, Mundschenk und Unterhalter des Kurfürsten, soll das Große Fass im Schloss, 200.000 Liter fassend, ausge-trunken haben. Eigentlich hieß der kleine Mann aus Salurn Clemens Pankert. Weil er auf die Frage, ob er noch ein Glas Wein wolle, immer auf Italienisch antwortete *„Perché no?"* („Warum nicht?"), erhielt er den Spitznamen Perkeo.

drebble

In die Fahrradpedale treten. Auch ein kleines Kind *duud drebble,* wenn es dringend auf die Toilette muss.

Dreggbolle

Beim Wandern über lockeren, vielleicht noch feuchten Erdboden, bleibt so einiges an den Schuhen hängen. *Dreggbolle* kleineren oder größeren Ausmaßes sollte man nicht ins Auto oder die Wohnung einschleppen. Auch Rasensportler mit Stollen müssen *Dreggbolle* abkratzen. Mit ihnen zu werfen, ist eine besonders effektvolle Waffe bei Kinderstreitigkeiten.

driwwliere

Du driwwliersch schun widder arg: So wehrt man sich, wenn es einem anderen nicht schnell genug geht. *Driwwliere* bedeutet „ungeduldig sein", „andere drängen" und „bedrängen". Einem *Driwwlierer pressiert's arg.* (Er hat es eilig.) Ein gutes Gegenmittel: Erst recht Ruhe bewahren – *numme net hudle.*

dunke

Wenn im Schwimmbad oder im *Baggerloch* spielerischer Unsinn angesagt ist, gehört *dunke* dazu. Jemanden anderen zum Spaß mit dem Kopf unter Wasser drücken – das ist *dunke.* Dieses „Eintunken" gibt es auch am Kaffeetisch manchmal noch. Ein Stück Hefekuchen aus der Hand schmeckt erst dann köstlich, wenn es noch in den Kaffee *gedunkt* wird.

Der Badener sagt – Der Badener meint

Der Weg geht gonz schee nuff un nunner.	*Die Strecke ist doch sehr hügelig.*
Bei der Bullehitz laaft der schnell d' Brieh runner.	*Angesichts dieser hohen Temperaturen schwitzt man stark.*
Sie dabbt nur hinnerher.	*Sie kann unser Tempo beim Gehen nicht halten.*
Der hängt wie en Schlugg Wasser in de Kurv.	*Er ist völlig geschafft und müde.*
Här, heedsch net vorher bremse kenne?	*Hallo Sie, hätten Sie nicht eher bremsen können?*
Neggschtmol mach'sch dei Glotzbeck uf.	*Hätten Sie doch besser aufgepasst.*
S'kennt mol anfange uffhöre z'regne.	*So langsam könnte der Regen aufhören.*
En leerer Sack bleibt net steh.	*Mit wenig im Bauch hält man die Anstrengung nicht durch.*
Bis du kummsch, isch de Markt verloffe.	*Du bist viel zu spät dran, es ist vorbei.*

erliggere

Bedeutet so viel wie „erspähen", „entdecken", „hinter etwas kommen". *Dass es in dem volle Biergarde noch drei Plätz gibt, hot der schnell erliggert.*

Etje

Was spiele se des Johr aigentlich in Etje? („Was wird denn dieses Jahr in Ötigheim gespielt?") Etje heißt ein mittelbadischer Ort im Dialekt, der zwar nur 5.000 Einwohner hat, aber ein Ziel für 100.000 Besucher jährlich ist. *Etje* (Ötigheim) liegt zwischen Karlsruhe und Rastatt. Dort befindet sich die größte deutsche Freilichtbühne, wenn man die bespielbare Fläche zählt. Und das Besondere bei den Volksschauspielen Ötigheim in einer ehemaligen Sandgrube ist: Aus dem ganzen Dorf werden die opulenten Aufführungen sowie die wenigen Profischauspieler oder Sänger mit Laiendarstellern unterstützt. Man kann sagen, ein Dorf lebt Theater. Eine Tradition, die 1906 begann. Weil Schillers Drama Wilhelm Tell am häufigsten auf dem Spielplan stand, nennt man *Etje* auch das *Telldorf*. Und es gibt kaum einen Badener, der nicht als Kind oder Erwachsener mal in Ötigheim den „Tell", „Ben Hur" oder ein Musical gesehen hat.

faadegrad

Ist ein badisches Adjektiv für „schnurgerade", „kerzengerade" oder „aufrecht". Der Mann sitzt noch *faadegrad uf seim Rädle* (auf seinem Fahrrad). Auch der Charakter kann *faadegrad* sein, also aufrichtig. *Die Frau isch faadegrad un e guude Haut.*

Fastnacht, Fassenacht, Fasnacht, Fasnet

Alle sind die Bezeichnungen für die fünfte Jahreszeit. *Am Schmutzige goht d'Fasnet los.* („Am Schmutzigen Donnerstag geht die Fasnacht so richtig los.") In den Tagen und Wochen vor Aschermittwoch gibt es überall in Baden Fastnachtsumzüge, Narrentreiben, Prunksitzungen, Kappenabende (kleine gesellige Veranstaltungen), Tanzveranstaltungen und viele weitere Rituale.

In Nordbaden orientiert man sich eher am rheinischen Karneval mit beliebiger Verkleidung, Büttenreden und Umzügen mit Motivwagen. Vom Straßenrand wird *Helau und Ahoi* gerufen. Südlich von Rastatt hört man dagegen das *Narri-Narro* und sieht Figuren in traditionellen Masken (Larven aus Holz) sowie *Häs*, dem Kostüm. Jeder Ort der schwäbisch-alemannischen *Fasnet* hat seine typische Maske, die beim öffentlichen Auftritt nie abgesetzt werden darf. *Hexe un Deifel* machen ordentlich Lärm. Ein wichtiges Accessoire ist die *Saublodere*, eine mit Luft gefüllte Schweinsblase, beispielsweise beim Elzacher *Schuddig*. Wenn die wilde Zeit vorbei ist, kommt es zu Abschiedsritualen, wie dem Verbrennen von Strohpuppen oder der *Geldbeitelwäsch*.

Die Badischen Berge

Nuffzus, immer weider nuff, heißt es bei Bergbesteigungen, bis dann der Gipfel erreicht ist. Vielfältig präsentiert sich die Berglandschaft in Baden: Im Norden befindet sich der höchste Berg des eher mit Hessen assoziierten Odenwalds. Der **Katzenbuckel** bei Eberbach war ein Vulkan und misst 626 Meter. Der Hausberg von Heidelberg ist der 568 Meter hohe **Königstuhl**. Er erhebt sich über der berühmten Schlossruine. Auf den **Königstuhl** führt eine 1,5 Kilometer lange Standseilbahn. Südlich von Heidelberg beginnt die sanfte Hügellandschaft des Kraichgau. Eine stille, abwechslungsreiche Gegend mit dem **Steinsberg** als höchstem Punkt. Dort bei Sinsheim ist man mit 333 Meter schon obenauf. Der höchste Berg im Nordschwarzwald ist die **Grinde**, wie die 1.164 Meter hohe **Hornisgrinde** mit einem langgestreckten Plateau im Volksmund genannt wird. Um sie surren im Winter zahlreiche Skilifte. Für das größte und sicherste Skigebiet in Baden sorgt der 1.453 Meter hohe **Feldberg** im Hochschwarzwald bei Freiburg. Es ist der höchste deutsche Berg außerhalb der Alpen. Als Hausberg Freiburgs gilt der **Schauinsland**, auf den eine Seilbahn führt. Mit einer solchen Bahn lässt sich außerdem auch der **Belchen** leichter erklimmen. Er gilt wegen seiner Kegelform als schönster Berg des Schwarzwalds. Von 1.414 Metern Höhe lässt sich außerdem eine Fernsicht bis tief in die Schweizer Alpen genießen.

Feschd

Was sin mir long uf dem Feschd ghockt. Wi agwurzelt. S'war meeh wie schee. Kainer hat heim gwollt. („Sehr lange haben wir an dem Fest teilgenommen. Wir sind gesessen, wie angewurzelt. Es war so schön, dass niemand nach Hause gehen wollte.") Feste zu feiern gehört in ganz Baden zu einer ganzjährigen Freizeitbeschäftigung. Vom örtlichen Straßen-, Wald- oder Fischerfest bis zu den wochenlangen Volksfesten in den Städten. Dann mit einem riesigen Vergnügungspark und nervenkitzelnden Fahrgeschäften. Solche Feste werden oft *Mess* genannt. Jede Region hat Leuchttürme der Geselligkeit: In Buchen im Odenwald ist es der Schützenmarkt seit 1830. In Bretten das Peter- und Paul-Fest, mit dem eine Stadt ihre mittelalterliche Geschichte lebt. Das Oechsle-Fest in Pforzheim oder das Zwetschgenfest in Bühl sind Termine für alle Generationen. Mit jüngerer Tradition, aber ungeheurer Ausstrahlung hat sich „Das Fest" in Karlsruhe etabliert. Dahinter steckt eine mehrtägige Musikveranstaltung im Freien, in der „Klotze", einer Grünanlage. Große Namen und Bands gastieren auf verschiedenen Bühnen.

gärdle

Das ist eine der beliebtesten Freizeitbeschäftigungen überhaupt. *Wenn ich e bissle gärdle kann, geht mer's guud,* sagt die Freizeitgärtnerin. Ein paar Blumen, Pflanzen oder Beete genügen.

graddle

Ist ein Dialektwort für „klettern". Manchmal auch in der Form *graxle*. *Am Battert in Bade sin immer viel am graddle.* („An den Battert-Felsen in Baden-Baden wird viel geklettert.")

gricht

Bisch endlich gricht, lautet die entscheidende Frage am Beginn eines Ausflugs. „Bist du bereit", „Ist alles gepackt und abgeschlossen". Unpünktliche sind „nie" *gricht* und nerven ihre wartenden Mitmenschen. Die sitzen dann ungeduldig *uff'm Schnäbberle* (gemeint ist die Kante eines Stuhls). Wer bei Verabredungen überpünktlich ist, kann ebenfalls Verstimmung erzeugen. Wenn die Gastgeber noch *net gricht* sind. Andere kommen grundsätzlich *e Vierdlschdund schbäder.* Und erzeugen dann ebenfalls Verstimmung.

hinnenoch kumme

Wer *net hinnenoch kummt*, hält nicht im Tempo mit, er „kommt nicht hinterher". Falls jemand eine verspätete Forderung stellt oder zeigt, dass er etwas total vergessen hat, gibt es eine spezielle Antwort: *Du kummsch hinnenoch wie die Ald-Fasnacht.* Diese alte Fasnacht gibt es tatsächlich. Sie wird eine Woche nach dem heute üblichen Termin gefeiert – zum Beispiel in Basel mit dem berühmten *Morgestraich.* Die Alt-Fasnacht hat einen kalendarisch-kirchlichen Hintergrund. Die katholische Kirche beschloss im Mittelalter, in der Fastenzeit – von Ascher-

In Baden zu Hause: Der schnellste Mannschaftssport der Welt

Eine der außergewöhnlichsten badischen Spezialitäten ist **Motoball** – die eher unbekannte rasante Mannschaftssportart. Es handelt sich um Fußball mit dem Motorrad. Auf einem Platz, der so groß ist wie ein Fußballfeld, sind in jeder Mannschaft vier Männer auf wendigen Motorrädern unterwegs. Sie versuchen, einen übergroßen Ball in jenes Tor zu schießen, das von einem Torwart ohne Motorrad gehütet wird. Die Spielzeit beträgt ungewöhnliche viermal 20 Minuten. Einige Tausend Zuschauer sind bei wichtigen Begegnungen dabei. In den Landkreisen Karlsruhe und Rastatt sind sechs Mannschaften aktiv. Sie heißen beispielsweise Taifun Mörsch, Puma Kuppenheim, Comet Durmersheim oder MSC Ubstadt-Weiher. Die badischen Teams bilden die Südgruppe der Bundesliga. Der ganze Rest Deutschlands ist in einer Nordgruppe versammelt! Nur dreimal seit 1958 kam der deutsche Meister nicht aus Baden.

mittwoch bis Ostern – die Sonntage vom Fasten auszunehmen. Damit es trotzdem bei den 40 Fastentagen bleibt, musste der Aschermittwoch früher im Jahr „drankommen". Er wurde um eine Woche vorverlegt. Manche Gemeinden machten das nicht mit. Sie orientieren sich bis heute am ursprünglichen Termin, an der *Alde Fasnacht*.

Hoffe

Das badische Wort für „das Hoffen" sowie den Ort Hoffen-heim. *Hoffe, Hoffe, wir sind Hoffe*, heißt es im Stadionlied des Fußball-Bundesligisten TSG 1899 Hoffenheim. Dessen Arena steht in *Sinse* (Sinsheim) im Kraichgau. (Nicht zu ver-wechseln mit *Sinse bei Bade-Bade,* Sinzheim mit „z".) *Hoffe* ist ein dörflicher Stadtteil von Sinsheim. Dort würde man wohl noch immer irgendwo bei den Amateuren mitkicken, wenn nicht Mäzen Dietmar Hopp einen märchenhaften, aber langsamen Aufstieg *Hoffes* von der A-Klasse bis in die Bundesliga angestoßen und vor allem finanziert hätte.

hordich

Ich hol an dem Kiosk hordich noch ebbes zum Trinke. Er deckt sich also schnell noch mit Getränken ein.

Iffze

In Iffze sin die Rennböck dehoim. („In Iffezheim wohnen die Rennböcke.") So nennt man die Einwohner des Ortes im Rheintal, weil dort die Galopprennbahn für die nah gele-gene weltberühmte Kurstadt Baden-Baden angelegt ist. Die Aufmerksamkeit beim Frühjahrsmeeting oder bei der Großen Woche im Herbst gilt nicht nur Rossen und Rei-tern. *Hosch dere ihrn Hut gsehe,* heißt es am Rande, um auf eine markante Kopfbedeckung der vielleicht prominenten Rennbesucherin hinzuweisen.

Kerwe

Ein wichtiges Jahresfest in badischen Dörfern und Stadt-
teilen ist die *Kerwe*. Übersetzt bedeutet sie „Kirchweih",
geht also auf den Weihetag der örtlichen katholischen
Pfarrkirche zurück. Aus diesem religiösen Anlass entwi-
ckelte sich ein mehrtägiges Volksfest mit kräftigem Essen,
Trinken, Tanzen und lokalen Bräuchen. *Uff de Kerwe isch
mords was los*. („Bei der Kerwe ist ordentlich was los.")
Symbol der tollen Tage, die oft im Herbst stattfinden, ist
manchmal eine *Kerweschlumbel*, eine übergroße Stroh-
puppe. Die *Kerweborschd* organisieren die Festlichkeiten,
die auch *Kirwe, Kirbi* oder *Chilbi* genannt werden.

lad lad

Un dann lad lad gradaus kann Teil einer Wegbeschreibung
sein. *Lad lad* heißt „schnell" oder „zügig". Es kann auch als
Zuruf gemeint sein (auf, los jetzt) oder in der Redewen-
dung *un mir dann lad lad* („wir sind dann nichts wie weg").

In der Stadt Philippsburg gibt es eine sehr schöne Jugend-stil-Festhalle. Als dort vor vielen Jahren eine Kulturveran-staltung stattfand, nahm der ranghöchste Offizier vom ehe-maligen Bundeswehrstandort teil. Es war Oberstleutnant Kalb. Er gab seinen Mantel an der Garderobe ab, ohne den **Zeddel**, also den Abholschein, in Empfang zu nehmen. Als der Offizier seinen Mantel wieder abholen wollte, sagte der Mann an der Garderobe: **„De Zeddel wolle ma!"** Vorwurfs-voll entgegnete der Standortälteste: „Ich bin Oberstleutnant Kalb!" Der Philippsburger Garderobier erwiderte barsch: **„De Zettel wolle ma, un wann Sie e Kuh sin!"**

laufe

Mit dem Formen *ich laaf, du laafsch/lefsch, sie laafe*. Bezeichnung für mehrere Bewegungsarten. *Mir laafe jeden Owed noch e halbe Stund um de Block.* („Wir gehen jeden Abend noch im Viertel spazieren.") *Laaft ihr mit am Sunndag e Stickel ufm Westweg?* („Wandert ihr am Sonntag ein Stück auf dem Westweg (im Schwarzwald) mit?") *Laafe* kann auch ins *Renne* übergehen. *Mir laafe 20 Kilometer als Training fer de Baden-Marathon.* Große städtische Laufsportveranstal-tungen über die Marathon- oder die Halbmarathondistanz mit Zehntausenden Teilnehmern gibt es in Freiburg im Frühjahr, in Mannheim bei einem Dämmermarathon oder in

Karlsruhe. Dort *laaft* der Baden-Marathon im September. Und wem das alle noch nicht reicht: Es gibt noch einen Kraichgau-Triathlon. *Do muss ma newä schwimme un radfahre zum Schluss a noch laafe.*

Lifdl

Lifdl ist nicht etwa die badische Verkleinerungsform für einen besonders schmalen Lift, also Fahrstuhl. *E Lifdl duud guud, wenns haiß isch.* („Ein Luftzug tut gut, wenn es heiß ist.") Das *Lifdl* ist eine kühle Brise, etwas Wind.

Löwe

Mir gehe zu de Löwe muss nicht unbedingt einen Zoobesuch ankündigen. Relativ frei laufende Löwen spielen im Raum Mannheim eine wichtige Rolle. Und zwar im deutschen wie im europäischen Handball. Die Rhein-Neckar Löwen sind eine Spitzenmannschaft und holten seit 2016 auch deutsche Handball-Titel. Heimstätte ist die SAP-Arena Mannheim. Dort müssen *die Löwe* aufpassen, nicht mit *de Adler* ins Gehege zu kommen, der ebenfalls sehr beliebten Eishockey-Mannschaft Mannheims. Mit Anfeuerungen von jeweils mehr als 10.000 Zuschauern wird in beiden Sportarten so mancher Gegner *gebatscht* (besiegt).

päpt

Fahr net so päpt/päp nebe mer her, beklagt sich ein Fahrradfahrer über den anderen. Man solle ihm also nicht so nah kommen. „Dicht" oder „eng" ist die Übersetzung von *päpt/päp*.

piense

Jammern, klagen. *Piens/Pfienz net so rum. Mir sin glei do.* („Jammere doch nicht. Wir haben das Ziel bald erreicht.") *En Jammerlabbe* (Jammerlappen) *isch en Pienser.*

pfuhse

Ein lautmalerisches Wort für das Entweichen von Luft, beispielsweise aus einem Fahrradreifen. Das langgezogene *Pfffuuu …* unterstreicht das Entweichen der Luft. Wer Mineralwasser lieber ohne Kohlensäure trinken will, muss *de Pfuhs raus mache.*

Karl von Drais: Erfinder des Fahrrads
Eine poetische Kurzbiografie

Als Forschtinspektor produziert der Herr vun Drais iwwerhaupt net viel Förschterschweiß. Er pflegt liewer sein Erfinderfleiß. Beschtelt rum un num un sitzt dann stolz uf seim Ding aus Escheholz un zwei Räder. Domit rollt's so leicht durch de Hardtwald. De Reitsitz kommod, de Rahme gelbrot. Der Mann aus Karlsruh' isch halt Patriot. Doch's Lewe laaft net so wie die Laaf-Maschin. E Patent ferd Draisine? Des isch zu verzwickt. Er werd stattdesse getritzt und gedrickt. Sie sage ball, der Karl wär verrickt. Er stirbt arm un vergesse. Doch wie mer heit weiß: Die Erfindung vum Drais war koin Sch...ade fer die Menschheit.

Rebskischd

Fährsch du immer noch mit dere alde Rebskischd? Das muss sich jemand fragen lassen, der mit einem ziemlich alten, vielleicht sogar schrottreifen Auto unterwegs ist. Die Antwort des stolzen Besitzers: *Hajo! So long sie noch kann un uns der TÜV net scheidet.*

Reitschul

So wird das Kinderkarussell auf einem Jahrmarkt oder Volksfest genannt. Auf stattlichen Pferdefiguren sitzen und sich drehen, das symbolisiert eine Art Schule des Reitens.

Ring

Mer hört widder, dass was uffm Ring los isch, heißt es in der Umgebung von Hockenheim, wenn Motorsport auf dem *Ring* angesagt und Motorenlärm weithin hörbar ist. Die badische Auto- und Motorradrennstrecke des Hockenheimrings befindet sich mitten in einem weitläufigen Waldgebiet im Rhein-Neckar-Kreis.

Röhrle

Hawwe Sie e Röhrle dezu? Wer so in Hamburg eine Cola bestellt, könnte auf tiefstes Unverständnis stoßen. Und sich gleichzeitig als „Südlicht" outen. Dabei ist das *Röhrle* als badischer Ausdruck für den Trinkhalm doch sehr naheliegend: Eine kleine Röhre dient dazu, die Lippen nicht mit der Flasche in Verbindung zu bringen, sondern die Flüssigkeit sauber dem Gaumen zuzuführen. Ein nettes kompaktes Wort, das *Röhrle* aus dem Süden.

Ruaschd

Mir hen zwar als long ohsteh gmisst, awwer 's hot sich glohnt. Vor allem ferd Kinner. („Wir mussten zwar manchmal lange warten, aber es hat sich gelohnt. Vor allem für die Kinder.") So kann die Bilanz nach einem Besuch in *Ruaschd* lauten. Was, Sie kennen den Ort nicht? Sie kennen zumindest Teile seiner Gemarkung bestimmt. *Ruaschd* ist der Dialektname für einen kleinen südbadischen Ort, der jährlich fünf Millionen und mehr Besucher anlockt. Denn in Rust im Ortenaukreis befindet sich der Europapark. Das ist der größte und am stärksten frequentierte Freizeitpark im deutschsprachigen Raum. In der Narrenscheune des Europaparks kann das ganze Jahr badische *Fasnet*stimmung inhaliert werden. Über Hundert Holzlarven sind zu sehen, im Hintergrund ertönt Musik aus der schwäbisch-alemannischen *Fasnet*.

runnerhagle

Das sollte besser nicht passieren, *dass mer vom Rad run-nerhagelt,* also dass man vom Fahrrad stürzt. *Ma kann a vom Kirschboom runnerhagle.*

Sengessel

Man begegnet ihr meistens bei Aktivitäten in unberührter Natur und im Wald. Direkter Hautkontakt ist tunlichst zu vermeiden. Die *Sengessel* (ausgesprochen Seng-Essel) hinterlässt Spuren auf dem Körper. Die Brennnessel sorgt für Hautjucken und -rötungen. Den Betroffenen *(ich hab mich gsengt)* bleibt aber nichts übrig, als weiter zu marschieren. Solange man *net neifällt in die Sengessel* ist die Begegnung zu verkraften.

Suddelwedder

Das ist schlechtes Ausflugswetter. Wenn es *suddelt,* dann regnet es ständig, es ist feucht und nass. *Beim Suddelwedder bleibe mer besser dehoim. Gsuddelt* wird manchmal auch beim Schreiben. Die *Suddelschrift* entsteht, wo man nicht aufpasst und mit Füller, Kugelschreiber oder Stift zu viel schmiert.

SC

Hitt gwinnt de SC, prophezeien die Anhänger des SC Freiburg optimistisch. Der langjährige Fußball-Bundesligist, den man einfach *de SC* nennt, spielt im Schwarzwaldstadion, eingebettet zwischen Bergen und dem Flüsschen Dreisam. Eine neue Arena im Westen der Stadt ist allerdings fest geplant. Zuschauer fordern ihre Spieler auf: *uffbasse un drahbliebe* (aufpassen und dranbleiben). Der Verein lebt den Dialekt mit und hat die Aktion *ikaufe uf Badisch* (Einkaufen auf Badisch) gestartet. Im Online-Fanshop gibt es *Klamotte* (Kleidung), *Käppli un Kappe* (Mützen und Kappen), *Fähnli* (Fahnen) oder sogar *Telefonmänteli* (Hüllen fürs Smartphone).

schmeiße

So lautet die badische Übersetzung von „werfen". *Schmeiß mer mol de Ball riwwer.* Beim geselligen Zusammensein kann man auch *e Rund schmeiße* und für alle die Getränke bezahlen.

schubbfe

Kommt auch in der Form *schugge* vor. Gemeint ist der nicht sehr höfliche Akt, eine andere Person mit sanfter Gewalt abzudrängen. Oder im sportlichen Wettkampf einen Stoß zu versetzen.

Stommdisch

Wichtiger Platz in einer *Beiz* oder *Wertschaft*. An bestimmten Abenden reserviert für Gruppen, die möglichst immer dort *hogge* (sitzen) wollen. Was dokumentiert werden kann von Hinweisschildern, auf denen steht: *Do hogge die, wo immer do hogge*. *De Stommdisch* ist auch geeignet für den *Frühschoppe* am *Sonntagmorge nooch de Kirch*.

> In einem Bruchsaler Café sitzen drei Damen und bestellen nacheinander beim Kellner: **„Ein Cappucino bitte."** – **„Ein Kännchen Kaffee un viel Zucker."** – **„E Tass Kaffee, awwer in ere sauwere Tass."** Nach einer Weile kommt der Kellner: **„Entschuldichung. Wer hot den Kaffee unbedingt innere sauwere Tass gwollt?"**

versterze

Sich nach einem Sturz verletzen, wird im Wort *versterze* zusammengefasst. *Du der net 's Knedderle versterze*, lautet eine Warnung, besonders auf den Knöchel aufzupassen. Wenn es dann passiert, dass man *umgegnaggst* ist, muss man eine ganze Weile *gnabbe* oder *gnabbse* (hinken). Vielleicht sogar mit *Krigge* (Krücken).

> Ein Kraichgauer hatte in der Dorfwirtschaft einige auf dem Bierdeckel notierte Gläser Gerstensaft nicht mehr bezahlen können. Einige Tage später trifft der Wirt den Schuldner im Ort und spricht ihn an: **„He du, du hasch noch a paar Bier bei mer schdehe!"** Die trockene Antwort: **„No schidds halt aus, sunschd werds sauer."**

vorbeischlupfe

Der Weg isch an ainere Stell ziemlich eng. Zwei Schlanke kenne grad noch annenanner vorbeischlupfe. („Auf dem an einer Stelle engen Weg kommen zwei Schlanke gerade noch aneinander vorbei.")

Umus

So bezeichnet man „Wirrwarr" oder „Durcheinander". *War des en Umus, bis die Grupp abgraist* (abgereist) *war.*

Wildpark

De Wildpark ist die landläufige Bezeichnung für das Wildparkstadion in Karlsruhe. Dort fragt man: *Gehsch mit naus zum KSC?* Der Karlsruher SC ist seit 1952 der größte Fußballclub der badischen Metropole. Das Stadion liegt stadtnah, aber mitten im Wald. Fans treffen sich oft *am naggde*

am Nov. 2018 erfolgte der „Anfang
154 vom Abriß. Neu + fertig
am . . . .

Monn. Das ist die Skulptur eines Sportlers vor dem Haupteingang. Wenn der KSC keine gute Leistung abliefert, wird einem besonders schwachen Fußballprofi schon mal von der Tribüne zugerufen: *Her, was foren Beruf hosch du eigentlich?* („Was für einen Beruf übst du eigentlich aus?")

zerfe
Mensch, hen die zwai midenanner rumgezerft, bis se gwisst hen, was se wolle. („Was haben die zwei sich gestritten, bis sie wussten, was sie wollen.") Wobei *zerfen* auch einseitig möglich ist, wenn jemandem Vorhaltungen gemacht werden, ohne dass etwas entgegnet wird.